# DIESES FAMILIENBUCH GEHÖRT

# Vorwort

**DAS ERSTE, WAS DER MENSCH
IM LEBEN VORFINDET,
DAS LETZTE, WONACH ER
SEINE HAND AUSSTRECKT,
DAS KOSTBARSTE,
WAS ER IM LEBEN BESITZT,
IST DIE FAMILIE.**

ADOLPH KOLPING

Gemeinsame Erlebnisse machen glücklich, egal wie schlecht das Wetter oder dein Tag gerade ist. Die schönsten Momente kann man dabei nicht planen, sie passieren einfach; wir können ihnen aber mehr Zeit und Raum geben.

FAMILIENZEIT bietet rund ums Jahr jede Menge Inspirationen, praktische Checklisten, tolle Planungstools, kreative Spielideen und kleine Glücklichmacher zum Kopieren für die schönste Zeit des Lebens – die Zeit, die wir gemeinsam verbringen.

Platz zum Eintragen für Gedanken, Meilensteine und Erinnerungen gibt es natürlich auch. Schreibt gemeinsam die bezauberndste, lustigste, spannendste und bunteste Familiengeschichte, die die Welt je gehört hat!

# Inhalt

# Frühling

FRÜHLING IST,
WENN ALLE WIEDER
BUNT DENKEN.

UNBEKANNT

# Fit und fröhlich durch den Frühling mit Kindern

Die Frühlingssonne lässt sich immer öfter blicken und lockt uns nach draußen. Der Frühling mit Kindern steckt voller kleiner und großer Wunder und auch wir Erwachsene werden dabei zu tollkühnen Abenteurern und neugierigen Entdeckern. Wollsocken, dicke Kleidungsschichten und Michelin-Männchen-Mäntel können wir schon bald getrost an den Garderobennagel hängen und die Tage werden endlich wieder länger. Die Bewegung an der frischen Luft hält uns fit und macht außerdem Appetit – auf den Tellern leuchtet jetzt kunterbuntes Marktgemüse für die Extraportion Vitamine und Mineralstoffe.

## HIER EIN PAAR KUNTERBUNTE IDEEN, WAS WIR IM FRÜHLING ALLES UNTERNEHMEN KÖNNEN:

Endlich raus! Die Vögel zwitschern hören und beobachten, wie Blumen und Blätter sprießen. Mithilfe eines Bestimmungsbuchs oder einer App Bäume, Pflanzen, Insekten und Vogelarten kennenlernen.

**Eine Naturrallye machen.** Jeder erhält ein paar Abbildungen von Pflanzen, Tieren oder Dingen, die es beim anschließenden Ausflug in Wald und Flur zu entdecken gilt. Wer wird zuerst fündig? Oder mit Fotoapparat oder Stift und Papier ausgerüstet gemeinsam auf „Frühlingssuche“ gehen.

**Eine Fahrradtour unternehmen** und mit „Schatzkarte“ besondere Orte entdecken.

**Ein Picknick im Grünen veranstalten.**

**Auf der Wiese vierblättrigen Klee suchen.** Oder Klee mit fünf, sechs oder sieben Blättern. 2009 wurde übrigens ein ganz besonderes Kleeblatt gefunden, das es ins Guinnessbuch der Rekorde geschafft hat und aus 56 Blättern bestand.

**Essbare Blüten sammeln** – zum Beispiel Veilchen, Vergissmeinnicht, Gänseblümchen, Rosenblätter – und damit coole Eiswürfel machen oder leckere Frühlingsblumenbrote garnieren.

**Einen „Juhu-es-regnet!"-Besuch machen** – zum Beispiel das Feuerwehr- oder Flugmuseum, das Planetarium, einen Indoorspielplatz oder eine Dinosaurier-Ausstellung besuchen, mal in die Bibliothek schauen, ins Becken im Hallenbad springen, in einer Töpferwerkstatt kreativ werden ...

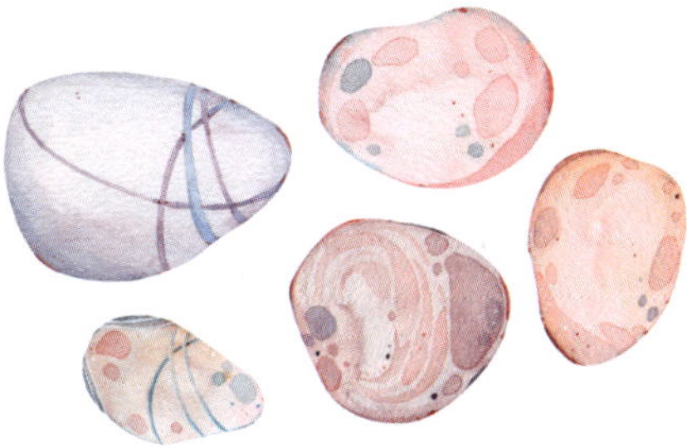

**In unsere Gummistiefel schlüpfen und einen Staudamm bauen.**

**Gemeinsam gärtnern** und zum Beispiel kleine Kräutertöpfe am Fensterbrett ziehen; die Töpfe können wir selbst bemalen.

**Alte, ausgediente Gummistiefel bepflanzen.**

**Dafür brauchen wir:**

Gummistiefel, die niemand mehr braucht, Akkubohrer, Kieselsteine, Pflanzerde, Blumensamen oder -stöcke

**Und so geht's:**

Mithilfe des Akkubohrers einige Löcher in die Sohle der Gummistiefel bohren, damit später das Wasser abfließen kann. Die Stiefel zu einem Drittel mit Steinen befüllen, obenauf kommt etwa ein Drittel Erde. Pflanzen in die Stiefel setzen und den Freiraum mit Erde auffüllen. Zwischen dem Gummistiefelrand und der Erde sollten mindestens zwei Zentimeter Abstand bleiben.

- Eine neue Spaghettisoße kreieren.

- Auf den Abenteuerspielplatz gehen.

- **Eine gigantische Burg aus Pappkartons bauen.**

**Dafür brauchen wir:**
einige große Pappkartons, Bastelschere, Kleber und Tape, Stifte und Farben nach Belieben

**Und so geht's:**
Lassen wir unserer Fantasie freien Lauf und bauen eine Burg ganz nach unseren Wünschen und Vorstellungen.

**Uns verkleiden** – vielleicht fällt uns auch eine Geschichte dazu ein, die wir als Theaterstück aufführen können ...

**Bei Freunden oder Verwandten übernachten.**

**Eine Kinderdisco veranstalten.**

**Einen Flohmarkt organisieren** (und dabei alte Sachen loswerden).

**Alte Lieblingssneaker fit für den Frühling machen.**

**Dafür brauchen wir:** nach Belieben Bügelbilder, Strasssteine zum Aufbügeln oder Kleben, Stoffmalstifte u. Ä., ggf. eine Heißklebepistole

**Und so geht's:**
Bügelbilder nach Anleitung aufbügeln und alles aufkleben, was und wie es uns gefällt. (Tipp: Auch alte Shirts oder Hosen werden so wieder aufgepeppt.)

**Gutes tun** – zum Beispiel bei einer Müllaufräumaktion mitmachen.

**Tümpeln gehen:** Gemeinsam einen Teich erforschen. Was entdecken wir dort alles?

**Papierblumen erblühen lassen.**

**Dafür brauchen wir:** buntes Bastelpapier für die Blüten und ggf. grünen Blumendraht oder Pfeifenputzer für die Stängel (die lassen sich aber auch aus grünem Papier rollen)

**Und so geht's:**

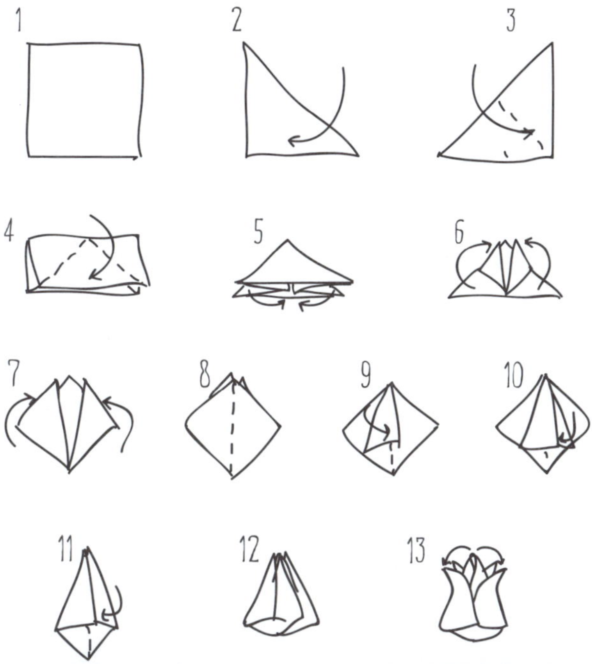

## PLATZ FÜR UNSERE EIGENEN WÜNSCHE UND IDEEN:

# Unser Frühling

## DAS HABEN WIR ALLES SO ERLEBT …

20… :

20… :

20… :

20... :

20... :

20... :

20... :

# Entspannt mit der Familie feiern – kunterbunte Ideen für Ostern

In die Frühlingszeit fällt auch die Osterzeit.
Ein fixes Datum gibt es dafür nicht, der Ostersonntag ist immer der Sonntag nach dem ersten Vollmond im Frühjahr. Und der erscheint irgendwann zwischen dem 23. März und dem 21. April.

## WIR KÖNNEN:

**Morgens nach dem Kuscheln eine Kissenschlacht veranstalten.**

**Gemeinsam im Schlafanzug brunchen.**

**Ein leckeres Festtags-Omelette machen.**

**„Eier wichteln“:** einem Familienmitglied, das das Los bestimmt hat, ein ganz besonderes Ei mit Botschaft schenken.

**Auf „Hasenjagd“ im Hof oder Garten gehen:** Es werden ein oder zwei Jäger bestimmt, die Übrigen sind die Hasen. Die Jäger versuchen, mit geknüllten Zeitungsbällen die weglaufenden Hasen zu treffen. Wird ein Hase getroffen, geht er in die Hocke. Ein anderer Hase kann ihn befreien, indem er über ihn springt (oder ihn antippt). Wenn alle Hasen getroffen sind und sich nicht mehr gegenseitig befreien können, ist das Spiel aus.

**Orte entdecken, die mit „O“/„Os“/„Ost“/„Oster“, „Hase“ oder „Ei“ beginnen oder enden.**

**Jedes Jahr zu Ostern gemeinsam ein neues Spiel testen.**

**Eierexperimente machen:**
**Nr. 1:** Wie bekommt man ein (geschältes) hart gekochtes Ei in eine leere Glasflasche? Ein Streichholz entzünden und in die leere Glasflasche werfen. Kurz warten, dann das Ei auf die Flaschenöffnung setzen. Wie von Zauberhand wird das Ei langsam in die Flasche gezogen. (Die Kinder staunen und lernen: Das Feuer in der Flasche erwärmt die Luft darin. Diese dehnt sich aus und entweicht. Das aufgesetzte Ei verschließt die Flasche luftdicht. Im Innern herrscht niedriger Luftdruck. Der Luftdruck von außen ist höher und drückt das Ei in die Flasche.)

**Nr. 2:** Ein rohes, frisches Ei mithilfe eines Löffels vorsichtig in ein Glas mit Leitungswasser geben. Was passiert? Das Ei sinkt zu Boden. Es ist schwerer als das Wasser. (Nur verdorbene Eier schwimmen oben.) Mit „Zauberpulver" können wir es aber zum Schwimmen bringen! Dafür benötigen wir etwas Salz. Je mehr Salz im Wasser aufgelöst wird, desto schwerer wird es. Das Wasser drückt das Ei nach oben. Langsam beginnt das Ei, zur Wasseroberfläche zu steigen und zu schwimmen.

**Die Ostereiersuche** (drinnen oder draußen) als Schnitzeljagd gestalten: Kleinere Rätsel oder Aufgaben führen von einem Hinweis zum nächsten bis zum Versteck; auch eine „Eier-Schatzkarte" macht großen und kleinen Kindern Spaß. (Tipp: Gute Verstecke für drinnen sind zum Beispiel Waschmaschine, Kühlschrank, Topfpflanzen, Stiefel und der ungeheizte Backofen.)

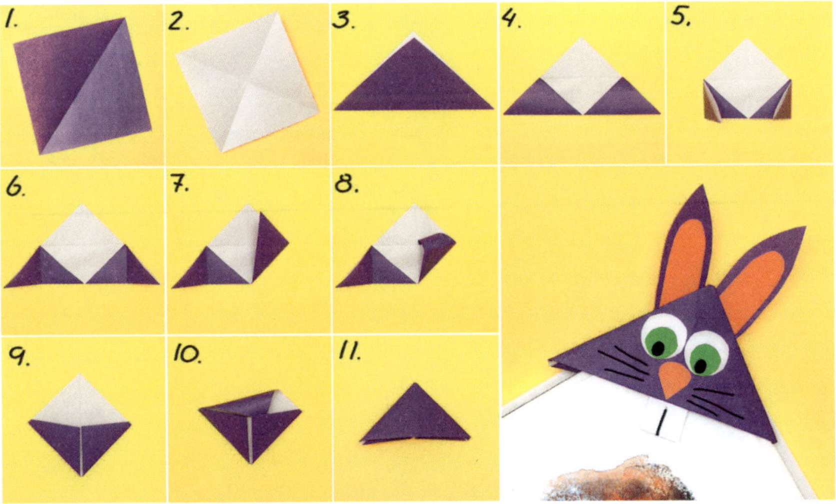


**Ein Osterhasen-Lesezeichen falten.**

**Dafür brauchen wir:** Bastelpapier, Schere, Kleber, Stift

**Und so geht's:** Das Lesezeichen nach Bildanleitung falten; zum Schluss noch Augen, Nase und Schnurrhaare aufmalen oder aufkleben.

**„Eier-Boccia" spielen:**

Kleine bunte Schokoeier verteilen. Jeder Spieler bekommt eine Farbe. Zuerst wird ein „Setzei" platziert. Alle Spieler versuchen nun nacheinander, ihre Eier durch gezieltes Werfen oder Rollen so nahe wie möglich an das „Setzei" zu bekommen. Wer diesem am nächsten ist, hat gewonnen und darf seine Schokoeier essen. Die anderen spielen weiter.

## Ostereier natürlich färben.

**Dafür brauchen wir:** 1 l Wasser (pro Farbe),
einen alten Emailletopf
(Achtung: Farbrückstände sind möglich);
Rot: Rote Beete,
Gelb: Kurkuma oder Kamillenblüten,
Grün: Spinat oder Brennnesseln,
Braun: Schwarzer Tee oder Zwiebelschalen,
Violett: Heidelbeeren oder Rotkohl;
etwa 3 Kaffeetassen voll der oben
genannten frischen Substanzen,
vom Kurkuma-Gewürzpulver ca. 20 g
auf 1 Liter Wasser,
hart gekochte Eier (Anzahl nach Belieben),
einen Löffel (zum Herausnehmen).

**Und so geht's:** Wasser mit jeweiliger Farbzutat aufkochen, eine Viertelstunde ziehen lassen, danach Rückstände aussieben. Eier in den Farbsud geben und je nach gewünschter Farbintensität liegen lassen (kann auch über Nacht im Sud ruhen). Herausnehmen und trocknen lassen. Fertig!

### Biskuit-Osternester backen.

**Dafür brauchen wir:** 4 Eier, getrennt (Gewichtsklasse L) • 160 g Zucker • 100 g Mehl • 350 ml Schlagsahne (steif geschlagen) • 1 Eiweiß (steif geschlagen)

**Und so geht's:** Eigelbe mit Zucker aufschlagen, bis ein weißer Schaum entsteht. Das Mehl vorsichtig unterheben, die steif geschlagene Sahne und das steif geschlagene Eiweiß hinzugeben und locker unterrühren.

Für bunte Meringue-Kringel die Masse aufteilen und je Portion einige Tropfen Speisefarbe unterziehen.

In Spritzbeutel füllen oder mit dem Löffel Kreise auf ein mit Backpapier ausgelegtes Backblech ziehen. Dabei etwa jeweils 2–3 cm Abstand zum nächsten Kringel halten.

Im Backofen bei 140 Grad etwa 20–30 Minuten auf mittlerer Schiene backen. Nach dem Auskühlen mit bunten Schokoeiern oder Dragees füllen.

# Das bisschen Haushalt …

Macht sich nicht von allein. Die goldene Regel darf lauten: Hausarbeit ist Teamarbeit. Schon die Kleinsten lassen sich für viele Tätigkeiten begeistern. Wenn alle mithelfen, dauert es manchmal etwas länger und auch das Ergebnis ist vielleicht nicht immer das, was ein „Profi" abliefern würde, aber es ist gerechter, bedeutet auf Dauer weniger Stress und macht gemeinsam sogar richtig Spaß. Kinder lernen dabei, Verantwortung zu tragen, und wir Erwachsene lernen, Verantwortung abzugeben. Eine Win-win-Situation.

FAMILIE IST, WO DIE WÄSCHEBERGE
NIEMALS KLEINER WERDEN,
WO KRÜMEL
DEN BODEN UND HANDABDRÜCKE
DIE FENSTER DEKORIEREN,
WO DER FANKLUB DIR BIS AUF
DIE TOILETTE FOLGT
UND DU LERNST,
AUF KLEINSTEM RAUM IN DEN
UNMÖGLICHSTEN POSITIONEN
ZU SCHLAFEN.

UNBEKANNT

# Entspannt den Haushalt schmeißen

## 10 TIPPS FÜR DEN HAUSHALT MIT KINDERN

**Früh mit leichten, spielerischen Tätigkeiten anfangen.** Ein zweijähriges Kind freut sich, wenn es etwas holen oder bringen darf, mit vier Jahren kann das Kind schon helfen, den Tisch zu decken und das Geschirr abzuräumen. Natürlich darf kein Kind überfordert werden, sonst geht der **Spaß daran** verloren, und ohne den geht es nicht.

**Vorbild sein.** Das heißt nicht, dass bei uns alles perfekt sein muss. Aber wenn wir (lästige) Dinge erledigen, dann sollten wir nicht darüber fluchen und zetern. Einfach machen. Und sich dann darüber freuen, dass es erledigt ist.

**Geduld haben und Erwartungen herunterschrauben.** Kinder haben ihr eigenes Tempo und gehen anders an die Dinge heran. Lassen wir sie machen. Es zahlt sich später aus.

**Simple Ordnungssysteme einführen.** Zum Beispiel eine oder mehrere Kisten im Flur aufstellen. Hinein kommt alles, was herumliegt. Abends oder am Wochenende werden dann die Sachen von den jeweiligen großen und kleinen Eigentümern zurücksortiert. Wer untertags etwas vermisst, kann in der Kiste nachsehen.

**Kindgerechte Putzutensilien können besonders Spaß machen:** ein Kinderbesen, ein Wischmop für Kinder u. Ä.

**Kindern die Wahl lassen.** Statt zu fragen: „Würdest du bitte oder wärst du so lieb, das und das zu machen?", sie zwischen zwei Aufgaben entscheiden lassen: „Möchtest du lieber den Tisch decken oder abräumen?" Der „Trick" funktioniert so gut wie immer.

**Keine Belohnung versprechen.** Für häusliche Tätigkeiten sollte es kein Taschengeld geben, raten Experten. Mama und Papa erhalten ja auch nichts. Lob natürlich ausgenommen.

**Ein Dienstplan kann motivieren.** Vorausgesetzt, die Aufgaben werden in Ruhe gerecht und angemessen verteilt und die Kinder dürfen mitreden.

**Flexibel bleiben.** Es gibt Dinge im Haushalt, die mehr und weniger beliebt sind. Ein wöchentlicher Wechsel ist deshalb sinnvoll. Tauschen ist erlaubt.

**Erinnern und ggf. neu verhandeln** gehört vor allem anfangs dazu. Später läuft es in der Regel von selbst. Ein kurzer Hinweis reicht und ist sinnvoller als ein „Warum-Aufräumen-so-wichtig-ist“- und „Jeder-hat-Pflichten“-Monolog.

## SO KÖNNTE EIN EINFACHER DIENST- & PUTZPLAN FÜR EINEN TAG AUSSEHEN:

Nicht immer müssen alle gelisteten Tätigkeiten anfallen. Weitere Aufgaben könnt ihr ergänzen. Smileys können angekreuzt oder ausgemalt werden, wenn eine Aufgabe erledigt ist. Das motiviert!

| Was | Wer | | | | | Wann (Tag) |
|---|---|---|---|---|---|---|
| | Mama | Papa | Kind I | Kind II | Kind III | ____________ |
| • Essen kochen | ☐ | ☐ | ☐ | ☐ | ☐ | ☺ |
| • Tisch decken | ☐ | ☐ | ☐ | ☐ | ☐ | ☺ |
| • Tisch abräumen | ☐ | ☐ | ☐ | ☐ | ☐ | ☺ |
| • Tisch wischen | ☐ | ☐ | ☐ | ☐ | ☐ | ☺ |
| • Abwasch machen | ☐ | ☐ | ☐ | ☐ | ☐ | ☺ |
| • Spülmaschine ausräumen | ☐ | ☐ | ☐ | ☐ | ☐ | ☺ |
| • Küche/Arbeitsflächen wischen | ☐ | ☐ | ☐ | ☐ | ☐ | ☺ |
| • Müll/Kompost leeren | ☐ | ☐ | ☐ | ☐ | ☐ | ☺ |
| • Blumen gießen | ☐ | ☐ | ☐ | ☐ | ☐ | ☺ |
| • kehren/staubsaugen | ☐ | ☐ | ☐ | ☐ | ☐ | ☺ |
| • herumliegende Sachen aufräumen | ☐ | ☐ | ☐ | ☐ | ☐ | ☺ |
| • Briefkasten leeren | ☐ | ☐ | ☐ | ☐ | ☐ | ☺ |
| • Haustiere versorgen (falls vorhanden) | ☐ | ☐ | ☐ | ☐ | ☐ | ☺ |
| ____________ | ☐ | ☐ | ☐ | ☐ | ☐ | ☺ |
| ____________ | ☐ | ☐ | ☐ | ☐ | ☐ | ☺ |
| ____________ | ☐ | ☐ | ☐ | ☐ | ☐ | ☺ |
| ____________ | ☐ | ☐ | ☐ | ☐ | ☐ | ☺ |
| ____________ | ☐ | ☐ | ☐ | ☐ | ☐ | ☺ |

## SO KÖNNTE EIN DETAILLIERTERER DIENST- & PUTZPLAN FÜR EINE WOCHE AUSSEHEN:

Nicht immer müssen alle gelisteten Tätigkeiten anfallen. Weitere Aufgaben könnt ihr ergänzen. Smileys können Tag für Tag angekreuzt oder ausgemalt werden, wenn eine Aufgabe erledigt ist. Das motiviert!

| Was | Wer | | | | | Wann (KW) |
|---|---|---|---|---|---|---|
| | Mama | Papa | Kind I | Kind II | Kind III | ________ |
| • Essen kochen | ☐ | ☐ | ☐ | ☐ | ☐ | ☺ ☺ ☺ ☺ ☺ ☺ ☺ |
| • Tisch decken | ☐ | ☐ | ☐ | ☐ | ☐ | ☺ ☺ ☺ ☺ ☺ ☺ ☺ |
| • Tisch abräumen | ☐ | ☐ | ☐ | ☐ | ☐ | ☺ ☺ ☺ ☺ ☺ ☺ ☺ |
| • Tisch wischen | ☐ | ☐ | ☐ | ☐ | ☐ | ☺ ☺ ☺ ☺ ☺ ☺ ☺ |
| • Abwasch machen | ☐ | ☐ | ☐ | ☐ | ☐ | ☺ ☺ ☺ ☺ ☺ ☺ ☺ |
| • Spülmaschine ausräumen | ☐ | ☐ | ☐ | ☐ | ☐ | ☺ ☺ ☺ ☺ ☺ ☺ ☺ |
| • Küche/Arbeitsflächen wischen | ☐ | ☐ | ☐ | ☐ | ☐ | ☺ ☺ ☺ ☺ ☺ ☺ ☺ |
| • Müll/Kompost leeren | ☐ | ☐ | ☐ | ☐ | ☐ | ☺ ☺ ☺ ☺ ☺ ☺ ☺ |
| • Wäsche waschen | ☐ | ☐ | ☐ | ☐ | ☐ | ☺ ☺ ☺ ☺ ☺ ☺ ☺ |
| • Bad putzen | ☐ | ☐ | ☐ | ☐ | ☐ | ☺ ☺ ☺ ☺ ☺ ☺ ☺ |
| • Toilette reinigen | ☐ | ☐ | ☐ | ☐ | ☐ | ☺ ☺ ☺ ☺ ☺ ☺ ☺ |
| • Wohnzimmer saugen | ☐ | ☐ | ☐ | ☐ | ☐ | ☺ ☺ ☺ ☺ ☺ ☺ ☺ |
| • Kinderzimmer aufräumen | ☐ | ☐ | ☐ | ☐ | ☐ | ☺ ☺ ☺ ☺ ☺ ☺ ☺ |
| • Blumen gießen | ☐ | ☐ | ☐ | ☐ | ☐ | ☺ ☺ ☺ ☺ ☺ ☺ ☺ |
| • Fenster putzen | ☐ | ☐ | ☐ | ☐ | ☐ | ☺ ☺ ☺ ☺ ☺ ☺ ☺ |
| • staubsaugen | ☐ | ☐ | ☐ | ☐ | ☐ | ☺ ☺ ☺ ☺ ☺ ☺ ☺ |
| • herumliegende Sachen aufräumen | ☐ | ☐ | ☐ | ☐ | ☐ | ☺ ☺ ☺ ☺ ☺ ☺ ☺ |
| • Böden wischen | ☐ | ☐ | ☐ | ☐ | ☐ | ☺ ☺ ☺ ☺ ☺ ☺ ☺ |
| • Briefkasten leeren | ☐ | ☐ | ☐ | ☐ | ☐ | ☺ ☺ ☺ ☺ ☺ ☺ ☺ |
| • Sonntagsbrötchen holen | ☐ | ☐ | ☐ | ☐ | ☐ | ☺ ☺ ☺ ☺ ☺ ☺ ☺ |
| ________ | ☐ | ☐ | ☐ | ☐ | ☐ | ☺ ☺ ☺ ☺ ☺ ☺ ☺ |
| ________ | ☐ | ☐ | ☐ | ☐ | ☐ | ☺ ☺ ☺ ☺ ☺ ☺ ☺ |

**CHECKLISTEN KÖNNEN AUSSERDEM WICHTIGE HELFER IM ALLTAG SEIN** – vom Einkaufszettel bis zum Wochenplaner. Hier eine praktische Checkliste für den Haushalt:

### Täglich:

- ☐ Betten machen
- ☐ Eingangspost öffnen und bearbeiten
- ☐ Dinge aufheben und zurückräumen (herumliegende Klamotten, Legosteine …)
- ☐ Frühstück/Abendessen machen
- ☐ Tisch ab-/decken, abwischen
- ☐ Brotzeit/Lunchbox vorbereiten
- ☐ Küche aufräumen
- ☐ Komposteimer leeren
- ☐ Arbeitsflächen reinigen
- ☐ Spülmaschine ein-/ausräumen
- ☐ schnelles Fegen

### Wöchentlich:

- ☐ staubsaugen und wischen
- ☐ Böden feucht wischen
- ☐ Bad putzen
- ☐ Toilette reinigen
- ☐ Mülleimer leeren
- ☐ Altglas etc. entsorgen
- ☐ Armaturen, Bildschirme reinigen
- ☐ Wäsche waschen

### Alle 2–3 Wochen:

- ☐ Bettwäsche wechseln
- ☐ Polstermöbel mit der Polsterdüse des Staubsaugers reinigen

### Monatlich:

- ☐ Kühlschrank reinigen
- ☐ Heizkörper reinigen
- ☐ Spülmaschine reinigen und auf höchster Stufe durchlaufen lassen
- ☐ Waschmaschine reinigen und bei 60 Grad laufen lassen

### Alle 2–3 Monate:

- ☐ Fenster/-rahmen putzen
- ☐ Flusensieb (Waschmaschine) reinigen
- ☐ Fettfilter (Dunstabzugshaube) reinigen
- ☐ Bilderrahmen und Dekor abwischen
- ☐ Lampen putzen
- ☐ Bettrahmen/-kasten aus-/wischen
- ☐ Türen und Griffe reinigen
- ☐ Fliesen (Küche, Bad, Flur) putzen
- ☐ Sockel-/Fußleisten abwischen
- ☐ oben auf Schränken wischen
- ☐ Backofen reinigen
- ☐ Polstermöbel mit der Polsterdüse des Staubsaugers reinigen

### Ein- bis zweimal im Jahr:

- ☐ Vorhänge waschen / Rollos abstauben
- ☐ ggf. Holzmöbel mit Politur pflegen
- ☐ Vorratsschränke reinigen, Haltbarkeit überprüfen
- ☐ Bücher/-regal abstauben
- ☐ Lüftungsgitter (Kühl-/Gefrierschrank) entstauben
- ☐ Gefrierschrank ggf. abtauen
- ☐ Schränke außen und innen wischen
- ☐ Küchen-, Badarmatur und ggf. Perlator entkalken

## CHECKLISTE FÜR DEN FRÜHJAHRSPUTZ

Gemeinsam macht uns selbst der Frühjahrsputz Spaß. Und mit dieser Checkliste gelingt das schnell und nachhaltig:

### Bevor es losgeht:

☐ den inneren Schweinehund bestechen
☐ ausreichend Zeit einplanen
☐ Putzmittel- und Utensilien bereitstellen

**besorgen/vorrätig**

☐ / ☐ ☺ Allesreiniger
☐ / ☐ ☺ Essigessenz
☐ / ☐ ☺ Glasreiniger
☐ / ☐ ☺ WC-Reiniger
☐ / ☐ ☺ Spülmittel
☐ / ☐ ☺ Hausmittel wie Zitrone, Backpulver, Natron, Seife
☐ / ☐ ☺ Eimer, Wischmopp
☐ / ☐ ☺ Schwamm
☐ / ☐ ☺ Lappen, Tücher
☐ / ☐ ☺ Dusch-/Fensterabzieher
☐ / ☐ ☺ Besen, Handfeger
☐ / ☐ ☺ Staubsauger, -beutel

☐ Lieblingsmusik einschalten
☐ lüften und Frühlingsduft atmen
☐ Böden und Flächen freiräumen
☐ alles an seinen Platz zurückstellen
☐ Unnötiges direkt entsorgen

### Nach dem Frühjahrsputz:

☐ auf die Schultern klopfen
☐ Füße hochlegen

### Das ist überall zu tun:

☐ Schränke, Schubladen aussortieren, ab-/auswischen und Oberflächen reinigen
☐ Pflanzen abstauben
☐ Boden fegen/staubsaugen, wischen

### Badezimmer:

☐ Toilette innen und außen putzen
☐ Dusche/Badewanne reinigen
☐ Fliesen abwischen
☐ Spiegel putzen

### Küche:

☐ Kühlschrank leeren und auswischen
☐ Gefrierschrank ggf. abtauen, Fächer reinigen
☐ Kochfeld reinigen
☐ Ofen, Backbleche säubern
☐ Fliesen abwischen

### Wohnzimmer:

☐ Sofa/Polstermöbel absaugen
☐ Teppich ausklopfen, ggf. zur Reinigung bringen
☐ Fernsehgerät u. Ä. entstauben

### Schlafzimmer & Kinderzimmer:

☐ Matratze lüften, wenden
☐ Bettwäsche, Laken wechseln
☐ Spielzeug abwischen
☐ Kuscheltiere, Stoffpuppen u. Ä. waschen

## FÜR FLEISSIGE HELFER GIBT ES NATÜRLICH LOB UND HIER UND DA EINE KLEINE AUSZEICHNUNG:

EHRENURKUNDE für ein Superkind

Liebe/r ____________,
(Name des Superkindes)

das hast Du toll gemacht! Wir sind stolz auf Dich.

Deine ____________
(Name der stolzen Eltern)

...................., den ....................
(Ort) (Datum)

## EHRENURKUNDE

In Dank und Anerkennung für eine ganz besondere Leistung und einfach weil Du so bist, wie Du bist, wird Dir, liebe/r

______________________________,
(Name des Superkindes)

heute

…………………………,
(Ort)

den ……………………
(Datum)

diese Ehrenurkunde durch

______________________________
(Name der stolzen Eltern)

verliehen.

## UND HIER GIBT ES KOPIERVORLAGEN FÜR FLEISSKÄRTCHEN FÜR VIELE GELEGENHEITEN:

**Fleißsternchen für Superhelfer!** DANKE!

**Für:** ______________________

Wenn Du diese Karte geschenkt bekommst, findet jemand, dass Du ein ganz besonderes Lob verdient hast.

**Du kannst stolz auf Dich sein!**

**Von:** ______________________

DAS WAR LÖWENSTARK!

**Für:** ______________________

Wenn Du diese Karte geschenkt bekommst, findet jemand, dass Du ein ganz besonderes Lob verdient hast.

**Du kannst stolz auf Dich sein!**

**Von:** ______________________

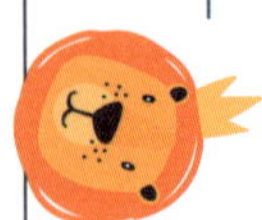

ELEFANTENDICKES LOB!

**Für:** ______________________

Wenn Du diese Karte geschenkt bekommst, findet jemand, dass Du ein ganz besonderes Lob verdient hast.

**Du kannst stolz auf Dich sein!**

**Von:** ______________________

FUCHSSCHLAU!

**Für:** ______________________

Wenn Du diese Karte geschenkt bekommst, findet jemand, dass Du ein ganz besonderes Lob verdient hast.

**Du kannst stolz auf Dich sein!**

**Von:** ______________________

## GANZ SCHÖN MUTIG!

**Für:** ______________________

Wenn Du diese Karte geschenkt bekommst, findet jemand, dass Du ein ganz besonderes Lob verdient hast.

**Du kannst stolz auf Dich sein!**

**Von:** ______________________

## DU ROCKST!

**Für:** ______________________

Wenn Du diese Karte geschenkt bekommst, findet jemand, dass Du ein ganz besonderes Lob verdient hast.

**Du kannst stolz auf Dich sein!**

**Von:** ______________________

## SUPERTASTISCH!

**Für:** ______________________

Wenn Du diese Karte geschenkt bekommst, findet jemand, dass Du ein ganz besonderes Lob verdient hast.

**Du kannst stolz auf Dich sein!**

**Von:** ______________________

## SPITZE!

**Für:** ______________________

Wenn Du diese Karte geschenkt bekommst, findet jemand, dass Du ein ganz besonderes Lob verdient hast.

**Du kannst stolz auf Dich sein!**

**Von:** ______________________

# Entspannt Kindergeburtstag feiern

## DAMIT DER KINDERGEBURTSTAG ZU EINEM SCHÖNEN ERLEBNIS FÜR ALLE BETEILIGTEN WIRD, HIER EIN PAAR NÜTZLICHE TIPPS:

- **Etwa einen Monat vorher** mit der groben Planung beginnen: Wie feiern wir und wo? Gibt es ein Motto? Drinnen oder draußen? Zu Hause oder auswärts?
- Nach möglichen Kinderspielen und Aktivitäten suchen; ggf. Räume buchen.
- Sich Unterstützung sichern – eine liebe Freundin, eine andere Mama, Oma oder Opa.
- Einfache und schnelle Rezepte wählen (z. B. Marmor- oder Zitronenkuchen mit Gummibärchen verziert, Muffins, Waffeln, Obstteller/-spieße, Pizza, Nudeln, Pommes, Würstchen, Gemüsesticks).
- Die Einladungskarten zum Basteln einfach halten oder, noch besser, vorgefertigte kaufen; **etwa 2–3 Wochen vorher** schreiben und verteilen.
- Nicht zu viele Kinder einladen. Die Daumenregel lautet pro Jahr ein Kind; die Anzahl der Gäste entspricht also dem Alter des Kindes.
- Das Geburtstagskind, seine Freunde und sich selbst nicht überfordern: Kleineren Kindern reichen 2–3 Stunden an Spiel, Spaß und Geburtstagstrubel. Die Dauer entsprechend planen. Auch ein Zuviel an Geschenken muss nicht sein; sich ggf. mit den anderen Eltern absprechen.
- Einen ungefähren Ablaufplan erstellen (wann gibt's Essen etc.).
- Ggf. zusätzliche Sitzgelegenheiten organisieren.
- Prüfen, ob die Kamera aufgeladen und eine leere Speicherkarte vorhanden ist.

- Eine Einkaufsliste schreiben; **ca. 2 Tage vor dem Fest** einkaufen (Getränke, Deko, Essen, Snacks, Mitgebsel).

- Alles in der Wohnung aus dem Weg räumen, das nicht zu Bruch gehen darf oder zur Stolperfalle werden könnte (Lieblingsstücke, Blumentöpfe ...).

- Kühlpads, Pflaster und Erste-Hilfe-Kasten bereitstellen.

- **Am Vortag** alles backen und kochen, was sich jetzt schon gut vorbereiten lässt.

- **Am Vorabend** dekorieren, den Frühstückstisch decken und evtl. Getränke kühlstellen.

- **Am Geburtstag** selbst nur noch den Tisch decken und frische Speisen zubereiten, dann kann's losgehen!

DIESER PRAKTISCHE GEBURTSTAGSKALENDER ERINNERT UNS AN DIE GEBURTSTAGE UNSERER LIEBSTEN UND DEREN LIEBSTEN:

Januar

Februar

März

April

Mai

Juni

## Juli

## August

## September

## Oktober

## November

## Dezember

DIESER SMARTE GEBURTSTAGSPLANER IST EIN WAHRES ORGANISATIONSTALENT. SO BEHALTEN WIR ALLES IM BLICK:

## „Happy-Birthday"-Planer

Geburtstagsfeier von: ______________________

am: ______________ um: ______________

wo: ______________ reserviert: ☺ ohne Reservierung: o

| Name des Gastes: | kommt: | hat abgesagt: |
| --- | --- | --- |
| ______________ | ☺ | o |
| ______________ | ☺ | o |
| ______________ | ☺ | o |
| ______________ | ☺ | o |
| ______________ | ☺ | o |
| ______________ | ☺ | o |
| ______________ | ☺ | o |
| ______________ | ☺ | o |
| ______________ | ☺ | o |
| ______________ | ☺ | o |
| ______________ | ☺ | o |
| ______________ | ☺ | o |
| ______________ | ☺ | o |

## Speisen & Getränke

- ○ ______
- ○ ______
- ○ ______
- ○ ______
- ○ ______
- ○ ______
- ○ ______

## Einkaufsliste

- ○ ______
- ○ ______
- ○ ______
- ○ ______
- ○ ______
- ○ ______
- ○ ______

## Aktivitäten, Spiel & Spaß

- ○ ______
- ○ ______
- ○ ______
- ○ ______
- ○ ______
- ○ ______
- ○ ______

## Geschenkideen/Wünsche

- ○ ______
- ○ ______
- ○ ______
- ○ ______
- ○ ______
- ○ ______
- ○ ______

## Notizen/Sonstiges

- ○ ______
- ○ ______
- ○ ______
- ○ ______

## DIE COOLSTEN GEBURTSTAGSSPIELE FÜR DRINNEN

**Indoor-Schatzsuche:** Überlegt euch einen Rundweg durch die Wohnung und ein passendes Versteck für einen Schatz am Ende. Zeichnet oder fotografiert nun verschiedene Gegenstände oder Möbelstücke aus der Wohnung ab – mindestens so viele, wie Gäste kommen – und steckt die Bilder in verschiedene Umschläge. Den ersten Umschlag bekommt das Geburtstagskind zu Beginn der Schatzsuche. Das Bild im Umschlag verrät den Ort, an dem der nächste Hinweis versteckt ist. Zum Beispiel unter der Fußmatte. Den nächsten Umschlag gibt das Geburtstagskind dann an ein anderes Kind weiter. Jedes Kind erhält mal einen Hinweis und darf die Suche anführen. (Tipp: Für ältere Kinder wird es spannender, wenn nur Details auf dem Hinweisbild zu sehen sind. Ein Schatz könnte auch ein Blech leckere Muffins sein, das im kalten Ofen versteckt ist.)

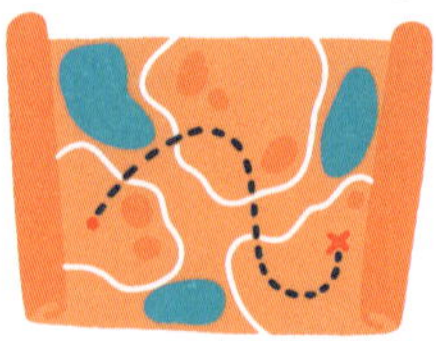

**Stopptanz:** Ein Klassiker, der einfach gute Laune macht; er lässt sich gut drinnen, aber auch draußen spielen. Die Kinder tanzen ausgelassen, bis die Musik stoppt. Dann müssen alle sofort stehen bleiben. Wer sich bewegt, scheidet aus. Gewonnen hat, wer zuletzt übrig bleibt. Auch ältere Kinder lassen sich dafür begeistern, vor allem, wenn man sich für den Stopptanz noch ein paar zusätzliche Herausforderungen überlegt. Zum Beispiel: Stoppt die Musik, müssen sich so schnell wie möglich je zwei Kinder finden, die etwas Gleichfarbiges anhaben, im selben Monat Geburtstag haben, die gleiche Augen- oder Haarfarbe besitzen, dasselbe Hobby haben oder ungefähr gleich groß sind. Wer zuletzt zusammenkommt oder niemanden findet, scheidet aus. (Tipp: Bei diesem Spiel dürfen auch mal die Erwachsenen mitmachen, das finden die Kinder oft besonders lustig.)

**Schnipseljagd:** Funktioniert wie die Indoor-Schatzsuche, nur dass die Hinweise in Form von Textbotschaften geben werden. Die Herausforderung dabei: Die Texte werden jeweils zu einem Buchstaben-, Wort- und Satzsalat zerschnipselt und in einen Umschlag gesteckt. Die Kinder erhalten den ersten Umschlag und versuchen gemeinsam, die Textbotschaft richtig zusammenzusetzen und zu enträtseln, um zum nächsten Hinweis zu gelangen.

**Flüsterpost** (auch Stille Post): Ein Klassiker, bei dem die Kinder im Kreis oder rund um den Tisch sitzen. Je nach Alter und Fähigkeiten der Kinder könnt ihr euch als Spielleiter einfachere Worte oder schwierigere Botschaften überlegen (von „Ameisenhaufen" bis „Mischpolymerisation"). Die Nachricht wird von Kind zu Kind ins Ohr flüsternd weitergegeben. Was am Ende dabei herauskommt, ist oft wunderbar komisch. Lachen, kichern und giggeln garantiert!

**Murmel-Fußball und Wattepusten:** Ein tolles Tischspiel, das auch kleine Wartezeiten überbrückt. Die Kinder bilden zwei Mannschaften, die sich am (freigeräumten) Tisch gegenüber sitzen. Eine **Murmel oder ein Tischtennisball** wird ins Spiel gebracht. Ziel ist es, die Kugel auf der „gegnerischen Seite" herunterfallen zu lassen. Dabei ist jedes Kind Stürmer und Torwart zu gleich. Die Hände dürfen dabei nicht die ganze Zeit auf dem Tisch liegen, sondern müssen über dem Tisch gehalten werden. Schwieriger wird es, wenn gleichzeitig mehrere Kugeln im Spiel sind.
Eine weitere Variante dieses Spiels ist das **Wattepusten.** Bällchen aus Watte müssen über die „gegnerische Kante" befördert werden. Jedes Kind erhält einen Strohhalm oder eine Papprolle zum Pusten. (Tipp: Tischtennisbälle lassen sich auch gut pusten.)

## DIE COOLSTEN GEBURTSTAGSSPIELE FÜR DRINNEN

**Wörter-Alarm:** Am besten, ihr bildet einen Sitzkreis oder alle Kinder setzen sich an den Tisch. Lest eine Geschichte vor, und immer wenn darin ein bestimmtes Wort vorkommt, müssen die Kinder eine bestimmte Handlung ausführen. Zum Beispiel aufstehen und sich wieder hinsetzen, im Uhrzeigersinn einen Platz weiter aufrücken, mit dem linken Sitznachbarn Plätze tauschen usw. (Tipp: Suche dir häufig vorkommende Begriffe in der Geschichte aus und Worte wie „und" oder „der, die, das". Markiere sie ggf. mit einem Leuchtstift.)

**Verstecken im Dunkeln:** Ein Gegenstand wird gezeigt, der in einem abgedunkelten Raum gesucht werden soll, und anschließend versteckt. Die Kinder können allein oder in Paaren suchen. Ausrüstung ist eine kleine Taschenlampe. Schön gruselig!

## DIE COOLSTEN GEBURTSTAGSSPIELE FÜR DRAUSSEN

**Actionball:** Auf einen Fuß- oder Basketball werden Kommandos zur Wurftechnik geklebt (z. B. mithilfe von Malerkrepp). Fängt ein Kind den Ball, wird geschaut, auf welchem Kommando die rechte Hand liegt oder welches Kommando der rechten Hand am nächsten ist. Mit dieser Wurftechnik soll das Kind nun den Ball an einen Mitspieler weitergeben. Zum Beispiel auf einem Bein stehend werfen, linkshändig, über den Rücken oder durch die Beine werfen etc. Je älter die Kinder sind, desto „verrückter" und anspruchsvoller können auch die Wurfkommandos sein. Wenn viele Kinder teilnehmen, können auch zwei oder mehr präparierte Bälle ins Spiel gebracht werden.

**Fossilien entdecken:** Einen Behälter mit Spielsand aufstellen oder die Sandkiste im Hof oder auf dem Spielplatz präparieren. Im Sand werden dem Alter entsprechend Dinosauriereier, Fossilien, Muscheln, kleine Tierchen o. Ä. vergraben. Die Ausgrabungsstätte wird mit Absperrband markiert. Mit Schaufel und Sieb ausgerüstet, legen die Kinder die Schätze frei. In einem Eimer kann gesammelt werden. Am Ende bekommt jedes Kind gleich viel.

**Hindernisrallye:** Je nach Alter der Kinder einen Hindernisparcours aufbauen. Das geht am besten draußen. Ihr könnt zum Beispiel einen Balken oder ein dickes Seil auf den Boden legen, über das die Kinder balancieren müssen, Krabbeltunnel oder Kartons aufstellen, durch die die Kinder hindurch müssen, Reifen oder Matten auf dem Boden verteilen, die die Kinder dann hüpfend überwinden; ihr könnt Seile wie ein Spinnennetz zwischen zwei oder mehrere Bäume oder Pfosten spannen, durch das es sich hindurch zu finden gilt. Ihr könnt den Kindern verschiedene Fortbewegungsarten vorgeben. Zum Beispiel ein Stück wird auf selbst gemachten Dosenstelzen zurückgelegt, ein weiterer Abschnitt muss rückwärts gegangen werden, mit verbundenen Augen, dreibeinig (d. h. je zwei Kinder werden an einem Bein zusammengebunden), während etwas auf dem Kopf balanciert wird oder Eier oder Tischtennisbälle auf Löffeln liegen, die nicht herunterfallen dürfen.

## DIE COOLSTEN GEBURTSTAGSSPIELE FÜR DRAUSSEN

**„König der Tiere“:** Jedes Kind erhält einen Tierschwanz – z. B. eine Kordel, ein Tuch oder einen Kniestrumpf; es gibt sie aber auch fertig zu kaufen – den es sich einfach hinten in den Hosen- oder Rockbund stecken kann. Der Schwanz sollte mindestens 20 cm heraushängen. Nun versuchen alle, die Schwänze der anderen zu fangen und abzuziehen, ohne den eigenen zu verlieren. Eroberte Tierschwänze werden einfach hinten zum eigenen hinzugesteckt. Wer am meisten fängt, ist König oder Königin der Tiere. Besonders Spaß macht es, wenn sich die Kinder zuvor verkleiden oder gegenseitig schminken können.

**Schatzsuche:** Die Schatzsuche benötigt etwas Vorarbeit, der Aufwand hält sich aber in Grenzen und es lohnt sich. Alle Kinder sind bestens unterhalten und die Schatzsuche macht kleinen wie größeren Kindern Spaß.
Dazu ein geeignetes Areal suchen, zum Beispiel im Park. Schön ist eine große Wiese mit Spielplatz und Sandkiste. Eine oder mehrere Schatzkarten zeichnen, die die Kinder zum Schatz führen. (Mehrere Karten haben – je nach Größe der Gruppe – den Vorteil, dass alle Kinder gleichzeitig in die Karten gucken können.) Viele kleine Schätze oder einen großen Schatz zum Teilen zum Beispiel im Sand vergraben oder versteckt in einen Baum hängen. Als Schatz eignen sich Schoko-Goldtaler, Säckchen mit Halbedelsteinen oder Leucht-Meteoriten, Murmeln, Tattoos, Armbändchen, kleine Bonbondosen, Leuchtsterne, Mini-Taschenlampen, Pixie-Bücher, Jo-Jos/Kreisel, Stifte, Ausmalblöcke u. Ä. Wer mag, kann hin und wieder auf dem Weg Zeichen anbringen – Pfeile aus Kreide, bunte Bänder, Luftballons oder Zettel mit Botschaften. Das motiviert und freut die Kinder und zeigt ihnen, dass sie sich auf dem richtigen Weg befinden. Die Kinder noch ggf. mit Karten, Kompass, Schaufeln, Eimer, Fernrohr oder, wer sie ohnehin hat, Walkie-Talkies ausrüsten und mit ihnen auf die Suche gehen. Natürlich gibt es nur im „Notfall“ Hinweise. Anschließend ein gemeinsames Picknick machen, bei dem sich die Schatzsucher stärken können. Danach wird draußen getobt und gespielt. Gerne kannst du noch Outdoorspielzeug zur Verfügung stellen.

(Tipp: Ihr könnt für die Schatzkarte Online-Kartenprogramm oder einen Routenplaner zur Hilfe nehmen. Dann habt ihr eine Vorlage, die ihr nach Lust und Laune gestalten könnt.)

**Schnitzeljagd:** Die Schnitzeljagd funktioniert im Grunde genau wie die Schatzsuche. Allerdings erhalten die Kinder hier einen Hinweis nach dem anderen und müssen dafür kleine Aufgaben und Rätsel lösen. Die müsst ihr vorab erstellen. Der Schwierigkeitsgrad hängt vom Alter der Kinder ab. Zum Beispiel könnte eine gelöste Rechenaufgabe zu der Hausnummer führen, an der der neue Hinweis zu finden ist. Ihr könnt auch einen markanten Baum beschreiben oder zu einem Denkmal, einem Brunnen, einer Brücke oder Ähnlichem führen, an dem dann wieder ein neuer Hinweis angebracht ist. Jede Station wurde dabei vorher markiert. Überlegt euch je nach Alter der Kinder einen Rundweg, der ca. 1–3 km lang ist. Versteckt die Rätsel und Hinweise in einem Abstand von ca. 100–200 m. Bis zum Schluss wissen die Kinder nicht genau, wohin sie der Weg führt. Am Ende kann ein „Schatz" stehen. Schön ist aber auch ein besonderes Ereignis wie zum Beispiel ein Picknick, ein gemeinsamer Besuch im Kindertheater, eine Überraschung in der Eisdiele u. Ä.
Für größere Kinder und Teens eignet sich eine **Foto-Schnitzeljagd.** Die Geburtstagsgäste können gemeinsam losziehen oder zwei Teams bekommen die gleichen Aufgaben gestellt und gehen getrennt los. Die Erfüllung der Aufgaben wird jeweils auf einem Foto festgehalten. Es kann darum gehen, Denkmäler, Brunnen oder bestimmte Gebäude zu finden oder kleinere Aufgaben zu lösen wie „Macht ein Foto von euch unter einer Birke", „Schaut möglichst gelangweilt", „Sucht ein Graffito und passt euch irgendwie in das Motiv ein" oder „Findet einen Doppelgänger für einen von euch und fragt, ob ihr ein gemeinsames Foto machen könnt".

# PLATZ FÜR DIE SCHÖNSTEN UND LUSTIGSTEN GEBURTSTAGSERINNERUNGEN

GEBURTSTAGE, DIE UNS NOCH LANGE IN ERINNERUNG BLEIBEN:

DAS GRÖSSTE GESCHENK VON ALLEN:

## UUPS – VON DINGEN, DIE SCHIEFGELAUFEN SIND (ÜBER DIE WIR SPÄTER LACHEN):

## UNSERE (HEIMLICHEN) GEBURTSTAGSWÜNSCHE:

## EINE LEBENSWEISHEIT, DIE WIR WEITERGEBEN MÖCHTEN:

Sommer

JEDER SOMMER
HAT SEINE
GESCHICHTE.

UNBEKANNT

# Sommerlaune „to go“ oder entspannte Ferien zu Hause

Manchmal reicht einfach die Zeit oder das Budget nicht oder wir können aus anderen Gründen nicht in den Urlaub fahren – halb so wild! Denn auch zu Hause können wir die tollsten Abenteuer erleben.

## HIER EIN PAAR ANREGUNGEN UND IDEEN:

- **Eine Nachtwanderung durch die Stadt machen** – wie anders jetzt alles wirkt!

- **Zusammen Pizza backen und mit allem belegen, was wir gern mögen.**

- **Kirschkerne pflanzen** – das geht auch drinnen auf der Fensterbank. Gemeinsam die Fortschritte beobachten.

- **„Up nach oben!“** – Auf Bäume klettern und so …

- **Auf Entdeckungstour gehen** – neue Spielplätze, Bolzplätze, Parks, Kioske, Eisdielen und vieles mehr entdecken. Wie gut kennt ihr eure Umgebung?

**Im Freien schlafen** – das geht auch auf dem Balkon.

**Die Straßen bunt machen** – mit Malkreide!

**Einen Rekord aufstellen** – zum Beispiel die größte Seifen- oder Kaugummiblase machen.

**Eine Rakete bauen,** die fliegen kann (Anleitungen gibt es im Internet).

**Zelten** – im Garten oder wo immer sich ein schönes Plätzchen findet …

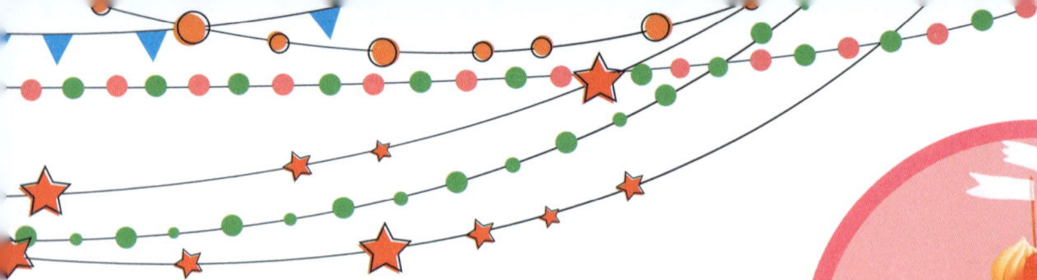

**Ein Picknick draußen im Dunkeln machen** – statt Abendbrot daheim.

**Eine Sommertorte backen,** die wir kunterbunt verzieren.

**In den Tierpark gehen.**

**Ein Aquarium besuchen.**

**Einen Popcorn-Kinoabend zu Hause veranstalten.**

**Einen Tag lang Superheld sein.**

**Einfach mal nichts tun** – sich auch mal „langweilen“ fördert sogar die Kreativität!

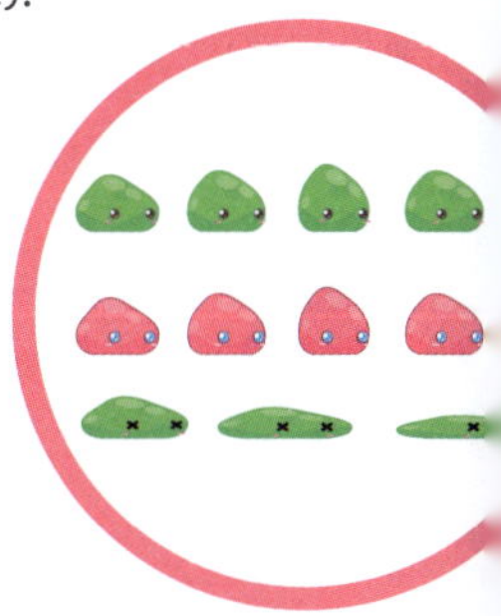

**Monster-Glibberschleim machen** (für Kinder über 3 Jahre).

**Dafür brauchen wir:** 70 g Bastelkleber (lösemittelfrei muss er sein, sonst funktioniert es nicht) • ¼ TL Natron • Lebensmittelfarbe und, nach Belieben, Glitzer • ½ TL Kontaktlinsenflüssigkeit als Aktivator (der macht's erst schön schleimig) • ein Glas oder eine Metallschüssel (die sind leicht zu reinigen) • einen Teigspachtel oder ein Holzstäbchen zum Rühren

**Und so geht's:** Gebt den Kleber in das Glas oder die Schüssel. Wenn ihr bunten Schleim haben wollt, dann gebt jetzt bereits etwas Lebensmittelfarbe und, wenn ihr wollt, Glitzer dazu. Verrührt alles gut mit dem Spachtel oder Stäbchen (so färben sich eure Hände nicht). Danach könnt ihr das Natron hinzufügen und nochmals gut einrühren. Zum Schluss gebt ihr die Kontaktlinsenlösung nach und nach dazu – jetzt wird's schön schleimig! (Achtet darauf, dass ihr nicht zu stark aktiviert, sonst wird der Schleim schnell hart.)
Rührt so lange, bis sich der Glibber vom Rand löst. Jetzt ist er fertig zum Spielen, Kneten, Ziehen, Werfen! Aufbewahren oder Verschenken lässt er sich am besten in einer luftdicht verschlossenen Plastikdose oder einem Glas.

**Etwas beobachten, das uns besonders interessiert** – zum Beispiel Flugzeuge, Züge oder Vögel.

**Einen Bauernhof oder Wildpark besuchen.**

**Gemeinsam ein Lagerfeuer machen,** Folienkartoffeln oder Stockbrot rösten – und zum Nachtisch gibt es Marshmallows.

**Auf den höchsten Turm in der Umgebung steigen** (wo es erlaubt ist).

**Pommes selbst machen.**

**Dafür brauchen wir:** für ca. 4 Personen

1 kg (vorwiegend festkochende) Kartoffeln • 4 EL Pflanzenöl • Salz

**Und so geht's:** Den Ofen auf 175 Grad (Umluft) vorheizen. Kartoffeln schälen und in Stäbchen schneiden, in einer Schüssel mit Öl mischen, dann auf ein mit Backpapier ausgelegtes Backblech geben. Etwa 30 Minuten brauchen die Pommes, dann sind sie schön knusprig! Aus dem Ofen nehmen und salzen. Lecker!

**An einem Orientierungslauf im Wald teilnehmen.**

**Eis selbst herstellen.**

**Dafür brauchen wir:** Obst nach Wahl, z. B. Bananen und Erdbeeren • etwas Milch, Vanille- oder Naturjoghurt • einen Pürierstab

**Und so geht's:** Obst waschen, schälen und in Stücke schneiden. Zusammen mit der Milch oder dem Joghurt in einem Gefäß mit hohem Rand pürieren, sonst spritzt es. In Eisförmchen füllen und für ein paar Stunden ins Gefrierfach stellen. Eiskalt genießen!

**Erdbeeren vom Strauch naschen.**

**Eine Wasserschlacht machen** (draußen natürlich!).

**Einen Tag lang als Eltern zu allen Kinderwünschen Ja sagen.**

**Einen Tunnel, Bunker oder eine Höhle erkunden** (mit Führung!).

**Ein Schloss oder eine Burg besichtigen** und es spuken lassen ...

**Einen Berg erklimmen und auf der Sommerrodelbahn herunterrodeln.**

**Zum Badesee oder ins Freibad radeln.**

**Eine Gärtnerei oder Imkerei besuchen.**

- **Etwas Neues lernen** – zum Beispiel Skateboard fahren.

- **Riesenseifenblasen machen.**

**Dafür brauchen wir:** 2 Holzstäbe • 1 dicke Schnur (z. B. 4 mm stark, Baumwolle „ohne Kern“) • 1 Unterlegscheibe • Seifenblasen-Flüssigkeit • 1 großes Gefäß, z. B. Plastikwanne oder Eimer

**Und so geht's:** Die Schnur zu einem großen Dreieck legen und sie je an einem Ende der Holzstäbe festknoten, sodass sie zwischen den Stäben etwa 30–40 cm lang ist. Die losen Enden, die nun jeweils links und rechts zur Seite hängen und die Spitze des Dreiecks formen, durch die Unterlegscheibe, die als Gewicht dient, fädeln, damit das Seil schön nach unten durchhängt. Die Enden verknoten. Fertig ist unser Seifenblasenstab!
Jetzt benötigen wir noch Seifenblasen-Flüssigkeit. Wir können sie auch selbst aus ¼ Liter Wasser, 4 EL Spülmittel und 2–4 Tropfen Pflanzenöl herstellen. Das Wasser in eine Wanne geben, das Spülmittel langsam hinzufügen und vorsichtig umrühren. Es soll nicht schäumen. Ein paar Minuten ziehen lassen und zum Schluss das Pflanzenöl unterrühren. Fertig ist die Mischung! (Einmal kurz ausprobieren, ggf. muss noch etwas mehr Spülmittel hinzugegeben werden.)

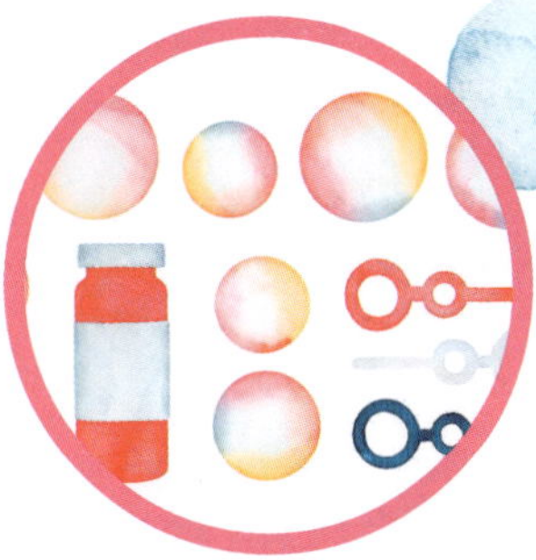

- **Mal beim Italiener oder in der Eisdiele schlemmen …**

# UNSERE „FERIEN-ZU-HAUSE“-WUNSCHLISTE:

| Ausflugsziele | Tag/Datum |
|---|---|
| ○ | ○ |
| ○ | ○ |
| ○ | ○ |
| ○ | ○ |
| ○ | ○ |
| ○ | ○ |
| ○ | ○ |

| Aktivitäten, Spiel & Spaß | Tag/Datum |
|---|---|
| ○ | ○ |
| ○ | ○ |
| ○ | ○ |
| ○ | ○ |
| ○ | ○ |
| ○ | ○ |
| ○ | ○ |

| Essenswünsche | Tag/Datum |
|---|---|
| ○ | ○ |
| ○ | ○ |
| ○ | ○ |
| ○ | ○ |

# DAS WAR UNSER „SOMMERMÄRCHEN“:

20... :

20... :

20... :

20... :

20... :

# Entspannt in den Urlaub mit Kindern

GLÜCK IST NICHT DAS ZIEL DER REISE, SONDERN DIE ART, WIE MAN REIST.

## HIER EINIGE TIPPS FÜR DIE FAHRT:

**Kindgerechte Reiseziele wählen:** Mit Babys und Kleinkindern bieten sich nahe gelegene(re) Urlaubsorte an.

**Welches Reiseverkehrsmittel eignet sich?** Mit Auto, Bus oder Bahn lassen sich kürzere bis mittlere Distanzen bequem erreichen; je nachdem wie viel Gepäck mit muss (Babyausstattung, Kinderwagen etc.) kann das eigene Auto ggf. mehr Komfort und Flexibilität bieten, im Zug lassen sich die Kindern dagegen gut beschäftigen. Fernziele sind am schnellsten mit dem Flieger erreichbar (Punktabzüge gibt es hier in der Klimabilanz).

**Für eine entspannte Fahrt:**
- **Kindertasche packen** mit Büchern, Spiel- und Malsachen (gerne inkl. kleiner Überraschungen).
- **Ausreichend Getränke bereitstellen** – zum Beispiel Wasser und Apfelschorle in auslaufsicherer Trinkflasche.

- **Snacks** mitnehmen – belegte Brote, Kekse, Obst, Salzstangen und ggf. „Notfall“-Gummibärchen können kleine Quengler wieder froh stimmen; am besten portionieren und in verschließbare Behälter füllen.
- **Unterhaltungsmittel** wie Hörspiele, Kinderlieder und ggf. Videospiele oder einen Film für ältere Kinder auf Laptop, Tablet oder Smartphone laden (ggf. Kopfhörer mitnehmen).
- **Wickeltasche oder Wechselkleidung griffbereit haben.**
- **Kuscheltier/Kissen und ggf. Decke zum Schlafen** unterwegs mitnehmen.

➤ **Route, Reiseverbindungen und -zeiten kennen** bzw. vorab informieren, Navi(-App) programmieren.

➤ **So viel wie nötig, so wenig wie möglich an (Hand-)Gepäck** mitnehmen.

➤ **Genügend Zeit einplanen** für Pausen oder Wechsel von Verkehrsmitteln.

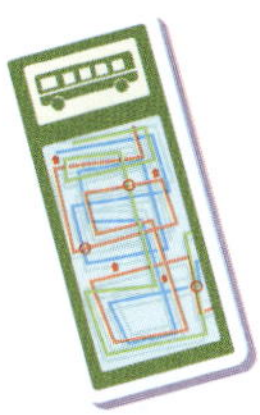

# Tolle Autospiele und praktische Stauhelfer für Reisen

## WENN'S MAL WIEDER LÄNGER DAUERT, KÖNNTEN WIR:

- **Autokennzeichen raten.** Ein Klassiker. Wer kennt die meisten Ortskürzel?

- **Buchstaben- und Wörterraupen bilden.** Für die Buchstabenraupen vereinbart ihr vorher eine Kategorie. Der erste Spieler nennt z. B. ein Tier: Affe. Der nächste Spieler denkt sich nun aus dem letzten Buchstaben, E, ein neues Tier aus, z. B. Eisbär. Und so geht es weiter.
Für die Wörterraupen benötigt ihr keine Kategorie. Hier nennt der erste Spieler ein zusammengesetztes (Haupt-)Wort wie Backofen. Aus dem letzten Wortteil denkt sich der jeweils nächste Spieler dann ein neues Wort aus, z. B. Ofenkartoffel, Kartoffelsuppe, Suppenlöffel, Löffelbagger, ...

- **„Die verflixte 7".** Es wird laut der Reihe nach gezählt. Alle Zahlen dürfen genannt werden, bloß nicht die, die eine Sieben enthalten oder Vielfache davon sind, wie zum Beispiel 7, 14, 17, 21 oder 49. Statt sie zu nennen, benötigt ihr ein Codewort, zum Beispiel „Reisefieber".

**Ich packe meinen Koffer ...** Auch ein toller Klassiker. Reihum verraten die Mitspieler, was sie in den imaginären Koffer packen möchten. Dabei müssen sie alle Gegenstände nennen, die zuvor genannt wurden, und zwar in der richtigen Reihenfolge. Wer einen Fehler macht, scheidet aus.

**Ich sehe was, was du nicht siehst ...** und das ist zum Beispiel grün. Jeder wählt einen Gegenstand, der für die anderen gut sichtbar ist und (länger) in Sichtweite bleibt, und nennt dessen Farbe. Die Mitspieler versuchen, ihn zu erraten.

**„Keinen Plan“ spielen.** Ihr beantwortet euch gegenseitig Fragen. Allerdings wird auf die erste Frage grundsätzlich mit „keinen Plan“ geantwortet. Die richtige Antwort für die erste Frage gibt es dann erst auf die zweite Frage und so weiter. Die Antworten sind also immer um eine Frage verzögert. Es ergeben sich daraus die lustigsten Kombinationen. Außerdem ist es ganz schön knifflig, sich Frage und zeitversetzte Antwort zu merken.

**Lieder erraten (Titel/Interpret)spiel.** Wer errät den Song im Radio als Erstes? Ihr könnt natürlich auch selbst singen und summen und die anderen raten lassen. Bei entsprechender Liedauswahl können auch die Kleinen schon mitmachen.

**Orte raten.** Das jeweils nächste Ortsschild gibt euch den Anfangsbuchstaben vor: Zum Beispiel Salzburg > S. Nun gilt es, so viele Orte mit „S" zu nennen, wie euch einfallen. Bis zum nächsten Ortschild.

**Sag nicht Ja/Nein.** Jeder ist mal an der Reihe und wird von seinen Mitspielern mit 10 Fragen gelöchert. Mit „Natürlich", „selbstverständlich", „klar" oder „niemals" und „auf keinen Fall" dürft ihr immer antworten, aber bloß nicht mit „Ja" oder „Nein"! Auch dürft ihr euch keine allzu großen Pausen zum Nachdenken lassen. Wer schafft es, alle 10 Fragen durchzustehen?

**Stadt, Land, Fluss von A–Z.** Ihr wählt eine Kategorie aus: Stadt, Land, Fluss, Tier, Pflanze, Name oder Beruf, und nennt reihum einen Vertreter dieser Kategorie von A–Z, z. B. Ameise, Bär, Chamäleon usw. aus der Kategorie Tier. Wem nichts Passendes einfällt, scheidet aus. Wer zuletzt übrig bleibt, hat gewonnen. (Wenn ihr wollt, könnt ihr vereinbaren, Buchstaben wie X und Y wegzulassen.)

**„Vier gewinnt“.** Ihr vereinbart, was es unterwegs zu entdecken gilt: z. B. Brücke, Hochsitz, roter LKW oder Wohnwagen. Wer den vierten in Folge zuerst entdeckt, hat gewonnen!

**Wer oder was bin ich?!** Von Aschenputtel bis Zyklop. Jeder denkt sich eine Figur, Person, ein Tier oder einen Gegenstand aus. Die Mitspieler versuchen, es durch gezielte Ja/Nein-Fragen zu erraten. Wird eine Frage mit Nein beantwortet, ist der Nächste in der Runde mit dem Fragen dran.

# UNSERE REISEERLEBNISSE

UNSERE LÄNGSTE AUTOREISE/REISE:

________________________________________

UNSER LÄNGSTER STAU:

________________________________________

UNSER WEITESTES REISEZIEL:

________________________________________

UNSER WÄRMSTER UND KÄLTESTER URLAUB:

________________________________________

________________________________________

GROSSE UND KLEINE PANNEN:

________________________________________

________________________________________

UNSERE LUSTIGSTEN URLAUBSERLEBNISSE:

________________________________________

________________________________________

EINE WUNDERSCHÖNE URLAUBSBEGEGNUNG:

________________________________________

________________________________________

UNSERE SCHÖNSTEN SONNENUNTERGÄNGE (TOP 3):

EIN EXOTISCHES SOUVENIR:

UNSER ERSTAUNLICHSTES NATURERLEBNIS:

EIN GANZ BESONDERER MOMENT:

UNSERE LIEBLINGSRESTAURANTS:

DAS HABEN WIR NEUES AUSPROBIERT:

HIER WOLLEN WIR GANZ BALD WIEDER HIN (TOP 3):

# HIER IST PLATZ FÜR UNSERE LIEBSTEN URLAUBSFOTOS

## CHECKLISTE FÜR EINEN ENTSPANNTEN URLAUB MIT KINDERN

Hier einige praktische Checklisten für die nächste Urlaubsplanung:

### Reisedokumente & Co.

- ☐ Bargeld, EC-Karte, Kreditkarte
- ☐ Buchungsbestätigung, Anfahrtsbeschreibung und Kontaktdaten
- ☐ Reisepass für Groß und Klein oder Personal- und Kinderausweis; ggf. Schülerausweis
- ☐ Impfpass und Krankenversicherungskarte
- ☐ Auslandskrankenversicherung, Reiserücktrittsversicherung und Hausratversicherungspolice (greift oft auch im Ausland)
- ☐ Führerschein, ggf. Fahrzeugpapiere
- ☐ Vignetten, Mauttickets
- ☐ Flug-/Bahntickets
- ☐ Reiseführer, Wörterbuch (App)
- ☐ Notrufnummern (Bank, ADAC)
- ☐ Schlüssel

### Handgepäck

- ☐ Getränke und Proviant
- ☐ Wechselkleidung
- ☐ (Mal-)Bücher und Spielsachen für Kinder
- ☐ Feucht- und Taschentücher
- ☐ für die Kleinsten: Fläschchen, Schnuller und Wickeltasche

### Elektronik und Unterhaltungsmittel

- ☐ Navi(-App)
- ☐ Smartphone
- ☐ E-Book-Reader
- ☐ Laptop/Notebook/Tablet
- ☐ Kamera, Speicherkarte
- ☐ (Reise-)Adapter, Akkus, Ladekabel
- ☐ ggf. Powerbank
- ☐ (Hör-, Video-)Spiele, Musik, Spielsachen, Kopfhörer

### Wohnungscheck

- ☐ Bügeleisen, Fernseher, Herdplatten und Ofen aus
- ☐ Licht gelöscht
- ☐ Tiere in Pflege, Pflanzen versorgt
- ☐ Kühlschrank leer, ggf. ausschalten
- ☐ Müll-/Komposteimer geleert
- ☐ Fenster geschlossen
- ☐ Gepäckstücke, Handtasche, Schlüssel dabei
- ☐ Tür abgesperrt (Sicherheitsschloss)

### Notizen

- ☐ ______________________
- ☐ ______________________
- ☐ ______________________
- ☐ ______________________
- ☐ ______________________
- ☐ ______________________
- ☐ ______________________
- ☐ ______________________
- ☐ ______________________
- ☐ ______________________
- ☐ ______________________

## Kulturbeutel für die Familie

- ☐ Zahnbürsten, Zahnpasta
- ☐ Kinder-, Babypflegeartikel
- ☐ Duschgel/Seife
- ☐ Shampoo
- ☐ Deo, ggf. Parfüm
- ☐ Gesichts-, Handcreme, Bodylotion
- ☐ Kamm/Bürste
- ☐ Haargummi, Spangen u. Ä.
- ☐ ggf. Föhn
- ☐ Rasierer und Rasiergel
- ☐ Monatshygiene (für Mama)
- ☐ Nagelschere/-clips, Pinzette
- ☐ Sonnenmilch, After-Sun-Lotion
- ☐ bei Bedarf: Brille, Etui, Brillenputztücher/Kontaktlinsen, Behälter, Pflegemittel

## Unsere Extras

- ☐ ______________________________
- ☐ ______________________________
- ☐ ______________________________
- ☐ ______________________________
- ☐ ______________________________
- ☐ ______________________________

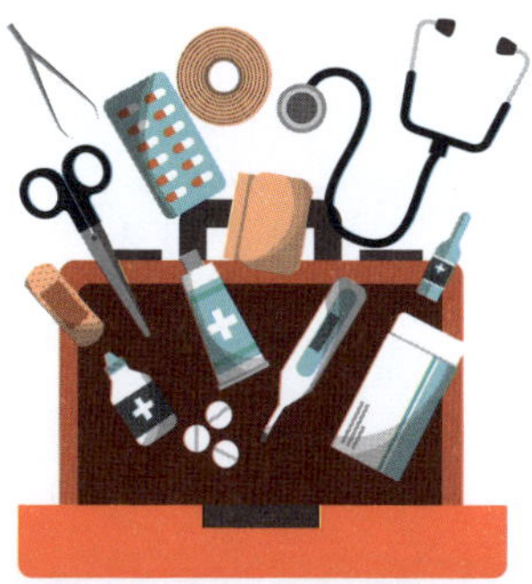

## Kinderreiseapotheke

### Kleine Wehwehchen

- ☐ Pinzette für Splitter
- ☐ Zeckenzange
- ☐ Desinfektionsspray
- ☐ (wasserfeste) Pflaster
- ☐ Erste-Hilfe-Set oder Verbandsmaterial
- ☐ Kalt-warm-Kompresse
- ☐ Wund- und Heilsalbe

### Erkältungen & Co.

- ☐ Taschentücher
- ☐ Augentropen
- ☐ Mittel gegen Durchfall
- ☐ Hustensaft
- ☐ Nasenspray (ab 2 Jahren)
- ☐ Kamillen-/Fencheltee
- ☐ Fiebersaft oder -zäpfchen, Fieberthermometer
- ☐ Wärmflasche/Kirschkernkissen

### Mückenschutz

- ☐ Insektenschutzspray
- ☐ entzündungshemmendes Gel bei Insektenstichen

## CHECKLISTE KLEIDUNG UND CO. FÜR KIDS

Hier einige praktische Checklisten für die nächste Urlaubsplanung:

### Basics

- ☐ Unterwäsche, Tops
- ☐ Socken
- ☐ Strumpfhosen/Leggins
- ☐ Shirts, T-Shirts
- ☐ Pullis, Sweatshirts
- ☐ Jacke/Weste
- ☐ Hosen, Röcke/Kleider
- ☐ Schlafanzug/Nachthemd
- ☐ Handtuch, Waschlappen
- ☐ bequeme (Freizeit-)Schuhe, Trekking-/Wanderschuhe
- ☐ Rucksack (für Ausflüge)
- ☐ Trinkflasche, Brotdose

### Schmuddelwetter

- ☐ Regenjacke, Kinderschirm
- ☐ Matschhose
- ☐ Gummistiefel
- ☐ Mütze

### Frühlingsbrise

- ☐ leichte Mütze, Stirnband
- ☐ Halstuch

### Sommerlaune

- ☐ UV-Kopfschutz (Sonnenhut/Cap)
- ☐ Badesachen, -schuhe, Strandtuch
- ☐ Schwimmhilfe,-tierchen
- ☐ Sandspielzeug
- ☐ Sonnenbrille
- ☐ Schwimm-/Taucherbrille, Schnorchel, Flossen
- ☐ Sommerschuhe

### Herbst- & Winterstürme

- ☐ Overall, Ski-/Schneeanzug
- ☐ lange Unterwäsche
- ☐ dicke Jacke
- ☐ Mütze, Schal
- ☐ Handschuhe
- ☐ Stiefel

### Spiel & Spaß

- ☐ Ball, Flugdrachen, Outdoor-/ Wasserspiele
- ☐ Stirn-/Taschenlampe (für Nachtwanderungen)
- ☐ Karten-, Gesellschaftsspiele
- ☐ Spielsachen (z. B. Bausteine)
- ☐ Bücher
- ☐ Bastel-/Malsachen
- ☐ Roller, Rutschauto, Laufrad, Fahrrad, Helm

## Schlaf

- ☐ Nachtlicht
- ☐ Kuscheltier
- ☐ Gutenachtgeschichten
- ☐ Schlafsack/Bettwäsche
- ☐ ggf. Moskitonetz

## Extras

- ☐ Adressen (z. B. von Oma, Opa)
- ☐ Auto- oder Fahrradsitz
- ☐ Kinderwagen, Kraxe oder Trage (Sonnen-, Regenschutz)
- ☐ Kindergeschirr, -besteck
- ☐ Fläschchen, Lätzchen, Schnuller, Wickeltasche
- ☐ Reisebett, -hochstuhl
- ☐ Reisenähzeug
- ☐ Müll-, Wäschebeutel
- ☐ Kühltasche, -akkus
- ☐ Luftpumpe
- ☐ Picknickdecke
- ☐ Strandmuschel
- ☐ Schreibzeug
- ☐ Zelt & Zubehör

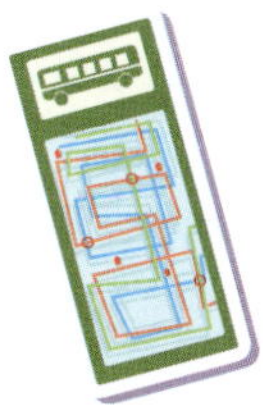

## Weitere Extras

- ☐ ______________________________
- ☐ ______________________________
- ☐ ______________________________
- ☐ ______________________________
- ☐ ______________________________
- ☐ ______________________________
- ☐ ______________________________

# ICH PACKE MEINEN KOFFER UND NEHME MIT …

## Kleidung

- ○
- ○
- ○
- ○
- ○
- ○
- ○

## Kulturbeutel

- ○
- ○
- ○
- ○
- ○
- ○
- ○

## Spiel & Spaß

- ○
- ○
- ○
- ○
- ○
- ○
- ○

## Reisedokumente/Handgepäck

- ○
- ○
- ○
- ○
- ○
- ○
- ○

## Elektronik

- ○
- ○
- ○
- ○
- ○
- ○
- ○

## Reiseapotheke

- ○
- ○
- ○
- ○
- ○
- ○
- ○

# URLAUBSPLÄNE UND -TRÄUME

## Hier waren wir schon

- 
- 
- 
- 
- 
- 
- 

## Dahin wollen wir noch

- ○
- ○
- ○
- ○
- ○
- ○

Prost, Mahlzeit!

DIE KÜCHE IST DAS HERZ
DES HAUSES.

# Entspannt essen mit Kindern

Natürlich ist es am Schönsten, wenn alle beisammensitzen, es jedem schmeckt, keiner nörgelt, niemand zappelt, streitet, kleckert oder kleckst und alle den Tisch unaufgefordert abräumen. Und es ist und bleibt ein Bilderbuchessen, das es vielleicht alle hundert Dornröschenjahre einmal gibt. Was wir tun können, damit das Familienessen trotzdem harmonisch verläuft:

- **Nicht zu viel erwarten.**
- **Rituale nicht in Stein meißeln.**
- **Es gelassen nehmen,** wenn mal wieder etwas danebengeht.
- **Selbst entspannt bleiben und genießen,** das wirkt sich positiv auf die Stimmung am Tisch aus, sodass die Kinder von sich aus dabei sein wollen.
- **Mit Liebe kochen, aber ohne unnötigen Aufwand und Stress** (Nudelauflauf statt eines 3-Gänge-Menüs oder exotisch-kulinarischer Experimente).
- **Es nicht persönlich nehmen,** wenn es jemandem mal nicht schmeckt.
- **Offen für Veränderungen bleiben** (z. B. Freunde essen spontan mit oder unsere Kinder essen bei Freunden).

## ENTSPANNT KOCHEN

Für alle, die sich nicht Tag für Tag die Frage „Was koche ich heute?“ stellen wollen, ist ein einfacher Menüplaner vielleicht genau das Richtige. So könnte er aussehen:

**Menüplaner ______________________ (KW)**

### Montag

- ○ ______
- ○ ______
- ○ ______
- ○ ______

### Freitag

- ○ ______
- ○ ______
- ○ ______
- ○ ______

### Dienstag

- ○ ______
- ○ ______
- ○ ______
- ○ ______

### Samstag

- ○ ______
- ○ ______
- ○ ______
- ○ ______

### Mittwoch

- ○ ______
- ○ ______
- ○ ______
- ○ ______

### Sonntag

- ○ ______
- ○ ______
- ○ ______
- ○ ______

### Donnerstag

- ○ ______
- ○ ______
- ○ ______
- ○ ______

### Einkaufsliste:

- ○ ______
- ○ ______
- ○ ______
- ○ ______

# 10 leckere und schnelle Rezepte

- **One-Pot-Reis mit Gemüse und Hähnchen**
- **Spaghetti alla „tutdaallesrein“** (abgewandelt von Spaghetti alla puttanesca)
- **Pfannkuchen (süß und salzig)**
- **Gebratene Mie-Nudeln mit Ei und Gemüseraspel** („Asien-Style“)
- **Linseneintopf mit Karotten, Wurzelgemüse und Würstchen**
- **Pizzabrote** (aus dem Ofen)
- **Schmuggel-Gemüse in Cremesüppchen** (püriert)
- **Gnocchi in Lachs-Sahne-Soße**
- **Couscous mit Gemüse**
- **Kartoffelmampf** (plus Extra)

## ONE-POT-REIS MIT GEMÜSE UND HÄHNCHEN

Das Tolle daran: Reis, Gemüse und Fleisch köcheln in einem einzigen Topf vor sich hin. Wir sparen uns Zeit und Abwasch. Schmeckt jemandem eine Zutat nicht, können wir sie einfach durch eine andere ersetzen. Zum Beispiel Mais oder Cherrytomaten statt Zucchini.

**Für 4 Portionen brauchen wir:**

- 200 g Brokkoli
- 200 g Zucchini
- 250 g Reis
- 300 g Hähnchenbrust
- 100 g geriebener Parmesan
- 1 l Gemüsebrühe
- 2–3 EL Pflanzenöl zum Anbraten
- Salz und Pfeffer

**Unsere Bewertung**
(zum Ankreuzen
oder Ausmalen):

★ ★ ★ ★ ★

**Und so geht's:**

1. Hähnchenbrust und Zucchini klein schneiden. Brokkoli in Röschen teilen.
2. Öl in einem Topf leicht erhitzen und Hähnchen darin kurz anbraten. (Es muss nicht komplett durchgegart sein.)
3. Reis und Brokkoli dazugeben und etwa zwei Minuten andünsten.
4. Mit Gemüsebrühe aufgießen und 10 Minuten bei geschlossenem Deckel kochen.
5. Zucchini unterheben und für ca. weitere 10 Minuten köcheln lassen.
6. Zum Schluss den Käse unterrühren.
7. Mit Salz und Pfeffer abschmecken.

**Eigene Ideen zum Variieren & Verfeinern:**

## SPAGHETTI ALLA „TUTDAALLESREIN“

(abgewandelt von Spaghetti alla puttanesca)

Nudeln kommen immer gut an. Und sie gehen schnell. Dieses Rezept ist außerdem ideal, wenn nicht so viele Zutaten im Haus sind. Wir können das Grundrezept beliebig abwandeln, ganz wie es allen schmeckt.

### Für 4 Portionen brauchen wir:

- 400 g Spaghetti
- 1 Zwiebel (gewürfelt)
- 1 Knoblauchzehe (fein gehackt)
- 10 Cherrytomaten (oder ein paar große)
- Kräuter (am besten frisch, gehen aber auch getrocknet: Oregano, Thymian, Basilikum und/oder Rosmarin)
- 1 Dose/Glas Thunfisch (im eigenen Saft oder in Olivenöl)
- (alternativ: Sardellen fein gehackt)
- 2–3 EL Pflanzenöl zum Anbraten (oder das aus der Thunfischkonserve nehmen)
- nach Belieben: geriebener Parmesan
- Salz und Pfeffer

**Unsere Bewertung** (zum Ankreuzen oder Ausmalen):

★ ★ ★ ★ ★

### Und so geht's:

1. Topf mit Wasser aufsetzen und salzen.
2. Spaghetti nach Anleitung kochen.
3. In der Zwischenzeit Öl in einer Pfanne erhitzen, Zwiebel und Knoblauch andünsten.
4. Tomaten waschen, in Stücke schneiden und dazugeben.
5. Mit einigen EL Spaghettiwasser aufgießen.
6. Thunfischstücke (oder Sardellen) unterheben und für etwa 10 Minuten köcheln lassen, bis die Spaghetti fertig sind.
7. Die Spaghetti abgießen und mit in die Pfanne geben. (Ist die Pfanne zu klein, das Ganze in den Nudeltopf geben und vermengen.)
8. Mit Salz und Pfeffer abschmecken.
9. Zum Anrichten nach Belieben mit Parmesan bestreuen.

### Eigene Ideen zum Variieren & Verfeinern:

## PFANNKUCHEN

Pfannkuchen sind lecker und vielseitig: Wir lieben sie süß und salzig!

### Für 4 Portionen brauchen wir:

- 2 Eier
- 150 ml Milch
- 100 ml Mineralwasser mit Sprudel
- 1 Prise Salz
- 1– 2 TL Zucker
- 200 g Mehl
- etwas Sonnenblumenöl zum Ausbacken

**Unsere Bewertung**
(zum Ankreuzen
oder Ausmalen):

★ ★ ★ ★ ★

**Und so geht's:**

1. Mehl mit Milch, Mineralwasser, den Eiern, Salz und Zucker zu einem glatten Teig verrühren. (Sollte der Teig zu dünnflüssig sein, einfach noch etwas Mehl dazugeben.)
2. Öl in der Pfanne erhitzen.
3. Mit der Schöpfkelle den Pfannkuchenteig in die Pfanne geben.
4. Den Pfannkuchen ausbacken oder die obere Seite mit herzhaften Zutaten belegen, in der Mitte zusammenklappen und von beiden Seiten braten.

**Für den herzhaften Belag:**

- frische, gehackte Kräuter ( z. B. Petersilie, Schnittlauch, Thymian)
- Champignons (in sehr dünnen Scheiben)
- etwas Reibekäse (z. B. Bergkäse, Gouda oder Parmesan)
- nach Belieben: kleine Tomatenstücke, Salami oder Schinkenwürfel
- Salz und Pfeffer zum Abschmecken

**Für die süße Füllung:**

- Fruchtmus, z. B. Apfelmus (ist auch leicht selbst gemacht), Marmelade oder frische Beeren
- nach Belieben: Puderzucker und Zimt zum Bestreuen

### Eigene Ideen zum Variieren & Verfeinern:

## GEBRATENE MIE-NUDELN MIT EI UND GEMÜSERASPEL („Asien-Style“)

Schmeckt fast so gut wie beim Lieblingsasiaten und geht ratz-fatz. Extra mild, damit es auch den Kleinen schmeckt.

### Für 4 Portionen brauchen wir:

- 250 g Mie-Nudeln (gibt es auch in der Sorte Dinkel)
- 3 Eier
- 1 Zwiebel oder Lauchzwiebel (klein geschnitten)
- 1 große Zucchini oder 2 kleinere (geraspelt)
- 2–3 Karotten (geraspelt)
- nach Belieben: Sojasprossen, Tofuwürfel
- etwas Sesamöl zum Anbraten
- mildes Currypulver (süß)
- Salz
- nach Belieben 1 kleine Prise Kurkuma, Zimt, Kardamom, Nelken (gemahlen) oder Wok-Gewürzmischung hinzufügen

**Unsere Bewertung**
(zum Ankreuzen oder Ausmalen):

★ ★ ★ ★ ★

**Und so geht's:**

1. Mie-Nudeln nach Packungsanleitung zubereiten. (In der Regel mit heißem Wasser übergießen und 10 Minuten ziehen lassen.)
2. In der Zwischenzeit Öl in der Pfanne erhitzen. Die Zwiebel darin andünsten.
3. Gemüseraspeln und ggf. Sojasprossen und Tofuwürfel dazugeben.
4. Die fertigen Mie-Nudeln abgießen und in die Pfanne geben.
5. Mit Curry und Gewürzen verfeinern.
6. Eier hinzugeben, durchmischen und gut durchbraten lassen.
7. Mit Salz abschmecken.

### Eigene Ideen zum Variieren & Verfeinern:

___

___

___

## LINSENEINTOPF MIT KAROTTEN, WURZELGEMÜSE UND WÜRSTCHEN

Schmeckt vor allem an kälteren Tagen.

**Für 4 Portionen brauchen wir:**

- 500 g Linsen (z. B. braune Berg- oder Tellerlinsen, rote Linsen)
- 1 Zwiebel (gewürfelt)
- 1 Bund Suppengrün oder 1 Stück Knollensellerie, 1 Petersilienwurzel, ½ Bund Petersilie und 2–3 Karotten (gewürfelt)
- 3–5 Kartoffeln (gewürfelt)
- nach Belieben Wiener- oder Tofuwürstchen
- 1,5 l Gemüsebrühe
- etwas Öl zum Anbraten
- 1 TL Majoran
- Salz, Pfeffer
- 1 –2 EL Essig weiß (z. B. Apfelessig)

**Unsere Bewertung**
(zum Ankreuzen
oder Ausmalen):

★ ★ ★ ★ ★

**Und so geht's:**

1. Linsen waschen und abtropfen lassen.
1. Öl in einem großen Topf erhitzen und die Zwiebel andünsten.
3. Linsen und 1 TL Majoran hinzugeben.
4. Mit der Brühe aufgießen und köcheln lassen.
5. In der Zwischenzeit Suppengrün, Wurzelgemüse und Kartoffeln in kleine Würfel schneiden und zu den Linsen geben.
6. Petersilie hacken und ebenfalls hinzugeben.
7. Das Ganze köcheln lassen, bis die Linsen und das Gemüse weich sind. (Die Kochzeit beträgt je nach Linsenart insgesamt etwa 20–50 Minuten. Mit vorgekochten Linsen geht es schneller.)
8. Würstel in dicke Scheiben schneiden und kurz in der Pfanne anbraten. Dann in den Eintopf geben.
9. Mit Salz, Pfeffer und Essig abschmecken.

**Eigene Ideen zum Variieren & Verfeinern:**

---

## PIZZABROTE

Der schnelle Snack für alle. Auch ideal als Beilage zur Gemüsecremesuppe.

### Für 4 Portionen brauchen wir:

- ca. 8–12 Brotscheiben oder aufgeschnittene Brötchen, Baguette, toll auch für die Resteverwertung vom Vortag! (auch Mehrkorngebäck macht sich gut)
- Olivenöl und Tomatenmark zum Bestreichen (oder alternativ zum Tomatenmark Tomaten in kleine Stücke schneiden)
- Salz, gemahlener Rosmarin zum Würzen
- Pizza à la Margherita oder Belag ganz nach Belieben: Ananas (Hawaii), Champignons in dünnen Scheiben, Sardellen, Thunfisch, Tomaten, Mais, Paprika, Salami- oder Schinkenwürfel, milde Peperoni, Artischocken, Oliven u. a.
- Reibekäse oder Mozzarella in Scheiben zum Überbacken

**Und so geht's:**

1. Ofen auf 175 Grad Umluft vorheizen.
2. 1–2 Backbleche mit Backpapier auslegen. Brote darauf verteilen.
3. Brote mit Olivenöl und Tomatenmark bestreichen (oder mit Tomatenstückchen belegen).
4. Mit ein wenig Salz und etwas gemahlenem Rosmarin würzen.
5. Die Pizzabrote nach Herzenslust belegen.
6. Reibekäse darüber streuen oder mit Mozzarella belegen.
7. Im Ofen ein paar Minuten backen, bis der Käse geschmolzen ist.
8. Die Pizzabrote aus dem Ofen nehmen und etwas abkühlen lassen. Dann servieren.

**Unsere Bewertung**
(zum Ankreuzen
oder Ausmalen):

★ ★ ★ ★ ★

### Eigene Ideen zum Variieren & Verfeinern:

## SCHMUGGEL-GEMÜSE IN CREMESÜPPCHEN (püriert)

Gemüse als Beilage hat oft keine Chance. In ein Cremesüppchen geschmuggelt schmeckt es dann aber doch ziemlich lecker.

**Für 4 Portionen brauchen wir:**

- frisches Gemüse je nach Saison: z. B. 1 Hokkaidokürbis / 1 kl. Blumenkohl und Brokkoli / 4 Zucchini / 5–10 Karotten
- 2–4 Kartoffeln (gewürfelt)
- 1 Zwiebel
- 0,5–1,0 l Gemüsebrühe
- etwas Öl zum Anbraten
- Muskatnuss, Salz, Pfeffer
- nach Belieben 1 Schuss Sahne oder Kokosmilch zum Verfeinern; Suppeneinlage wie z. B. Backerbsen dazu reichen

**Unsere Bewertung** (zum Ankreuzen oder Ausmalen):

★ ★ ★ ★ ★

**Und so geht's:**

1. Gemüse waschen, Karotten und Kartoffeln schälen und alles klein schneiden.
2. Öl in einem großen Topf erhitzen und die Zwiebel andünsten.
3. Gemüse hinzugeben.
4. Mit der Brühe aufgießen.
5. Etwa 20 Minuten köcheln lassen, bis das Gemüse weich ist.
6. Die Suppe pürieren.
7. Mit Muskatnuss, Salz, Pfeffer und etwas Sahne abschmecken.
8. Nach Belieben mit Backerbsen servieren.

**Eigene Ideen zum Variieren & Verfeinern:**

## GNOCCHI IN LACHS-SAHNE-SOSSE

Hiervon kriegen auch Mamas und Papas nicht genug. Lachs aber lieber in Maßen essen. Eine kleine Portion pro Woche wird empfohlen, vorzugsweise aus Bioaquakultur und Wildfang in Alaska (laut WWF).

### Für 4 Portionen brauchen wir:

- 800 g Gnocchi
- 1 Schalotte oder Zwiebel
- etwas Öl zum Anbraten
- 200 g Räucherlachs oder Lachsfilet (braucht etwas länger, um durchzugaren)
- 150 g Crème fraîche oder Schmand
- 250 ml Milch
- 2–3 TL Zitronensaft
- Salz, Pfeffer
- Tipp: mit einem ½ Bund klein gehackten, frischem Dill verfeinern (falls nicht zur Hand, geht auch TK-Ware)

**Unsere Bewertung**
(zum Ankreuzen oder Ausmalen):

★ ★ ★ ★ ★

### Und so geht's:

1. Schalotte schälen und in kleine Würfel schneiden.
2. Öl in einer großen Pfanne erhitzen und die Schalotte darin andünsten.
3. Crème fraîche oder Schmand und Milch hinzugeben und auf kleiner Stufe köcheln lassen.
4. Lachs in Streifen schneiden, Dill fein hacken. Beides zur Sahnesoße geben.
5. Gnocchi nach Packungsanleitung zubereiten, abgießen, in die Pfanne geben und vermengen.
6. Mit Zitronensaft, Salz und Pfeffer abschmecken.

### Eigene Ideen zum Variieren & Verfeinern:

## KARTOFFELMAMPF (plus Extra)

Eine tolle Beilage zu Fisch und Fleisch oder auch als Hauptspeise mit Spiegelei und Erbsen. Wir können dieses Gericht prima mit buntem Gemüse als gewisses Extra anreichern.

### Für 4 Portionen brauchen wir:

- 1 kg Kartoffeln (mehligkochende)
- Extra-Gemüse: z. B. 1 Zucchini, 2 Karotten,
1 Petersilienwurzel oder Pastinake
- 50 g Butter
- 250 ml Milch
- Muskatnuss und Salz

**Unsere Bewertung**
(zum Ankreuzen oder Ausmalen):

★ ★ ★ ★ ★

**Und so geht's:**

1. Kartoffeln schälen und vierteln.
2. Extra-Gemüse waschen, schälen und in Stücke schneiden.
3. Kartoffeln und Gemüse in Salzwasser gar kochen.
4. Wasser abgießen.
5. Kartoffeln und Gemüse (grob) stampfen.
6. Butter und Milch hinzugeben und verrühren.
7. Nach Belieben: mit Rührgerät cremig schlagen.
8. Mit Musaktnuss und Salz abschmecken.

### Eigene Ideen zum Variieren & Verfeinern:

# COUSCOUS MIT GEMÜSE

Couscous ist nicht nur gesund, sondern auch blitzschnell zubereitet. Dazu gesellt sich alles, was der Kühlschrank hergibt und allen schmeckt.

## Für 4 Portionen brauchen wir:

- etwas Gemüse: z. B. Karotten, Kirschtomaten, Lauch, Paprika, Zucchini, Erbsen (TK) oder buntes TK-Gemüse (wenn's ganz schnell gehen muss)
- 150 g Couscous
- etwas Öl zum Anbraten
- Kurkuma, Salz, Pfeffer
- nach Belieben etwas Crème fraîche, frische Kräuter und Zitronensaft

**Unsere Bewertung**
(zum Ankreuzen oder Ausmalen):

★ ★ ★ ★ ★

**Und so geht's:**

1. Gemüse waschen, Karotten schälen.
2. Zucchini und Karotten raspeln oder in dünne Scheiben hobeln, Lauch in Ringe, restliches Gemüse in kleine Stücke schneiden.
3. Öl in einer Pfanne erhitzen und das Gemüse anbraten.
4. Couscous nach Anleitung zubereiten, dann zum Gemüse geben.
5. Mit Kurkuma, Salz und Pfeffer abschmecken.
6. Nach Belieben mit etwas Zitronensaft, frischen Kräutern und Crème fraîche abrunden.

## Eigene Ideen zum Variieren & Verfeinern:

## RICHTIG PORTIONIERT

Nicht immer kochen wir nach Rezept oder haben das Gefühl, dass die Maßangaben im Rezept wirklich stimmen. Damit wir unserer Kreativität freien Lauf lassen können, alle satt werden und möglichst wenig übrig bleibt, gibt es hier eine praktische Übersicht zu den gängigen Portionsgrößen.

| Lebensmittel | verarbeitet oder unverarbeitet | pro Person |
|---|---|---|
| Nudeln | Trockenmenge | 100 g |
| Kartoffeln | gekocht | 200 g |
| Gnocchi, Schupfnudeln | roh | 200 g |
| Pommes | frittiert | 150 g |
| Reis | Trockenmenge | 50 g |
| Kichererbsen | Trockenmenge | 60 g |
| Steak, Rinderbraten, Roastbeef/ | roh | 150 g |
| Kalbschnitzel | roh | 125 g |
| Fisch | roh | 150–200 g |
| Eier (Omelette) | roh | 2–3 Stück |
| Wurst | roh | 25 –30 g (1 Scheibe) |
| Käse | roh | 30 g (1 Scheibe) |
| Salat | roh | 250 g |
| Bohnen, grün | geputzt | 200 g |
| Kidneybohnen | vorgegart | 125 g |
| Brokkoli | geputzt | 200 g |
| Pilze | geputzt | 150 g |
| Beeren | roh | 125–150 g |
| Apfel, Kirsche | roh | 150 g |
| Trockenobst, Nüsse | Trockenmenge | 40 g |

# HIER IST PLATZ FÜR UNSERE LIEBLINGSREZEPTE UND NEUENTDECKUNGEN:

## HIER IST PLATZ FÜR UNSERE LIEBLINGSREZEPTE UND NEUENTDECKUNGEN:

# HIER IST PLATZ FÜR UNSERE LIEBLINGSREZEPTE UND NEUENTDECKUNGEN:

# Herbst

MAN IST NIE ZU ALT,
UM WILD DURCH
EINEN LAUBHAUFEN
ZU RENNEN.

# Entspannt durch den Herbst mit Kindern

Den Wechsel der Jahreszeiten können wir im Herbst besonders abwechslungsreich erleben. An Tagen, an denen die Sonne scheint, können wir mit den Kindern auf Schatzsuche gehen: Aus bunten Blättern, Kastanien, Bucheckern und Eicheln werden lustige Fantasiegeschöpfe. Mit der richtigen Kleidung macht auch den Großen das schönste Regenmatschewetter Spaß. Manchmal haben wir den Spielplatz oder Park ganz für uns allein. Dann können wir auf der Rutsche Brotzeit machen, Matschbahnen anlegen, einen Hindernisparcours quer durch die Sandkiste bauen ...

## KUNTERBUNTE IDEEN FÜR DEN HERBST

## WIR KÖNNEN:

**„Luftpost" verschicken.** Schreibt eine Postkarte und verseht diese mit eurer Postanschrift. Bindet sie mit einer Schnur an einen Luftballon und lasst ihn fliegen. Wo der Ballon wohl landen wird? Und ob der Finder sich meldet?

**Einen Waldspaziergang machen.** Dabei könnt ihr Blätter, Zapfen und Nüsse sammeln und die Arten bestimmen. Ihr könnt auch eine Art Wettbewerb daraus machen. Wer entdeckt als Erstes all diese Dinge oder Tiere? (Ihr könnt die Auswahl dabei leicht oder schwerer machen.)

**Immer so laufen, dass wir den Wind im Rücken haben.**
Wer legt dabei die weiteste Strecke zurück?

**Einen Drachen aus einer alten Plastiktüte bauen und ihn steigen lassen.**

**Dafür brauchen wir:**
1 alte Plastiktüte • Tape • Zahnseide • (Paket-)Schnur • 2 Holzstäbe (oder möglichst gerade Äste) • 1 altes Tuch oder Stoffreste

**Und so geht's:** 1. Bindet die beiden Holzstäbe zu einem Kreuz zusammen. Der horizontale/waagerechte Stab wird dabei im oberen Drittel befestigt, ⅔ sollte der vertikale/senkrechte Stab nach unten noch lang sein. 2. Verbindet die Enden straff mit Schnur. So entsteht die äußere Form einer Raute. 3. Deckt die Raute mit der Plastiktüte ab, sodass sie etwas übersteht. 4. Schlagt den Rand über die Schnüre und klebt ihn mit Tape an. Macht die überstehenden Ecken direkt an den Holzstäben fest. Lasst eine Schnur entlang des horizontalen Stabs laufen und zieht sie fest. 5. Stecht zwei Löcher nahe dem oberen und unteren Ende des senkrechten Holzstabs in den Drachen. Fädelt eine Schnur hindurch und verstärkt die Einstichstellen mit Tape. Die Schnur soll locker sein und etwas Spiel haben – daran wird die Steuerleine aus Zahnseide befestigt. 6. Befestigt die Zahnseide etwa im oberen Drittel, sodass die Steuerleine im straffen Zustand genau über dem Punkt steht, an dem sich die beiden Holzstäbe kreuzen.
7. Bindet für den Drachenschwanz etwas Schnur am unteren Ende fest. Schneidet oder reißt ein altes Tuch in Streifen und bindet diese am Drachenschwanz fest.

**Gegen den Wind ansingen.** Ein Kanon macht besonders gute Laune.

**Im Sturm Flüsterpost spielen.**

**Ein Windrad selbst bauen und gleich ausprobieren.**

**Dafür brauchen wir:**

ein quadratisches Stück Papier (z. B. Buntpapier/Tonpapier) • Bastelkleber (Klebestift) • eine Musterbeutelklammer • einen (Papier-)Strohhalm oder einen Holzstab (z. B. Schaschlikspieß ohne Spitze)

**Und so geht's:**

1. Nimm ein quadratisches Papier.

1.

2. Zeichne je eine Linie von einer Ecke zur gegenüberliegenden ein.

3. Zeichne einen Kreis in der Mitte, z. B. mithilfe des Deckels des Klebestifts.

4. Schneide die eingezeichneten Linien jeweils bis zum äußeren Rand des Kreises ein. (Du erhältst jetzt vier Dreiecke, die oben miteinander verbunden sind.)

5. Gib etwas Bastelkleber auf die jeweils rechte untere Ecke eines jeden Dreiecks.

6. Klebe die rechte untere Ecke in der Kreismitte fest.

7. Klebe auch die restlichen Ecken überlappend in der Kreismitte fest.

8. Zeichne nun die Mitte ein und prüfe, ob auch alle Ecken getroffen sind. Stecke die Musterbeutelklammer durch die Mitte.

9. Drehe das Windrad um und befestige nun den Strohhalm mithilfe der Musterbeutelklammer.

10. Fertig!

2. 

3. 

4. 

5. 

6. 

7. 

8. 

9. 

10. 

**Kürbis-Bowling spielen.** Bevor ihr den Kürbis zu Suppe verarbeitet, könnt ihr ein lustiges Kürbis-Bowling veranstalten. Ihr braucht zunächst ein wenig Platz mit einer möglichst ebenen „Bowlingbahn". Das Spiel könnt ihr auch gut nach draußen verlegen. Außerdem benötigt ihr einen kleinen bis mittelgroßen Kürbis und 10 Kegel. Als Kegel eignen sich zum Beispiel leere Plastikflaschen. (Wenn es sehr windig sein sollte, könnt ihr etwas Sand oder Wasser in die Flaschen füllen, dann stehen sie besser.)
Die Kegel werden in einem Dreieck aufgestellt, dessen Spitze nach vorn zu den Spielern zeigt. Ziel ist es, möglichst alle Kegel umzuwerfen. Jeder Spieler hat zwei Würfe und versucht, den Kürbis so zu rollen, dass möglichst viele Kegel fallen. Aber Achtung: Der Kürbis ist nicht rund und rollt deswegen nicht immer in die richtige Richtung – so ist der Spaß vorprogrammiert! Pro umgeworfenem Kegel gibt es einen Punkt. Wer beim ersten Wurf alle 10 Kegel abräumt, hat einen Strike geschafft und erhält 10 Punkte, also die volle Punktzahl. Der zweite Wurf entfällt dann. Ein Spiel besteht aus 10 Durchläufen. Gutes Rollen!

- **Eine Nachtwanderung machen.** Packen wir noch Taschenlampen und warmen Tee ein, dann sind wir gut gerüstet.

- **Eine Sternwarte besuchen.**

- **Den Sternenhimmel im Herbst erforschen.** Wer entdeckt sein Sternzeichen?

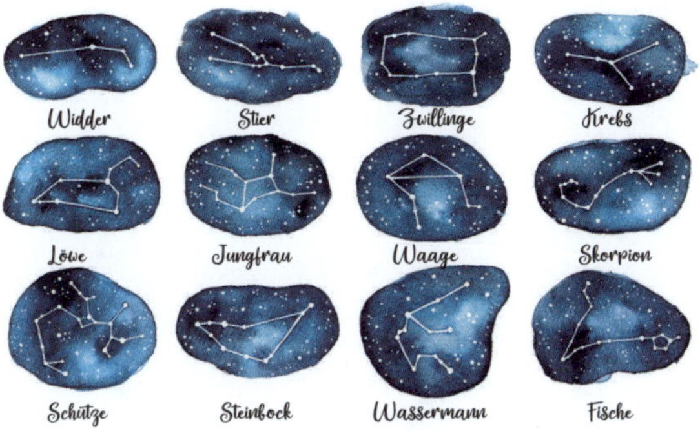

- **Ein Lagerfeuer machen.**

- **Herbstgrillen!**

**Rütteln, schütteln und pflücken** – bei der Obsternte mitmachen und naschen.

**Buddeln und zupfen** – Gemüse ernten.

**Walnussschiffchen bauen** und schwimmen lassen.

**Wett-Pfützenspringen** – wer springt durch die meisten Pfützen (in der vorgegebenen Zeit)?

**Laternen selbst basteln** und draußen leuchten lassen. Zum Beispiel eine Upcycling-Laterne aus einem alten Milch- oder Saftkarton: Dazu den Karton oben abschneiden und nach Herzenslust bemalen oder bekleben. Fenster oder Motive aus den Seitenwänden herausschneiden und von innen mit Transparentpapier überkleben. Zusätzlich eine Klappe oder Öffnung vorne, hinten oder seitlich einschneiden, durch die ein Teelicht hineingestellt und angebracht werden kann. Statt eines Teelichts könnt ihr aber auch eine LED-Leuchte für eure Laterne verwenden, die gibt es auch mit Laternenstab. Ansonsten eine Halterung aus Draht an einem Holzstab befestigen, zwei Löcher durch die Seiten des Kartons bohren und den Draht durchfädeln. So entstehen die schönsten Häuser, Eulen, Fledermäuse, Gespenster, Monster, Raketen, Feuerwehrautos (dazu den Karton einfach quer nehmen) und, und, und …

## UND WENN WIR MAL KEINE LUST HABEN RAUSZUGEHEN, DANN KÖNNEN WIR:

- **Zaubersand selbst machen** und uns den Spielplatz nach drinnen holen.

**Dafür brauchen wir:**

1 große Schüssel, Mehl und Öl im Verhältnis 1:8, also z. B. 1000 g Mehl und 125 ml Baby- oder Sonnenblumenöl. Nach Belieben können wir unseren Sand mit etwas Lebensmittel einfärben oder Glitzer hinzufügen. Außerdem benötigen wir eine Unterlage zum Spielen. Ideal ist eine große Kiste oder ein Tablett mit einem Rand oder, noch besser, ein kleines Planschbecken.

**Und so geht's:**

Mehl und Öl (und ggf. Farbe oder Glitzer) in der Schüssel verkneten. Fertig! Tipp: Wenn wir den Zaubersand nach dem Spielen luftdicht verschließen, hält er sich einige Tage.

- **Einen Hindernis-Parcours im Kinderzimmer oder durch die Wohnung bauen.**

**Kürbisse schnitzen.** Ob lustige Gesichter, gruselige Fratzen oder schöne Muster – unserer Fantasie sind keine Grenzen gesetzt ...

**Leckere Apfel-Kürbis-Marmelade einkochen.**

**Für etwa 7 Portionen brauchen wir:**

500 g Kürbisfleisch • 50 ml Apfelsaft • 500 g Äpfel (geschält und geraspelt)
5 TL Zitronensaft • 1 Zimtstange • 500 g Gelierzucker 2:1 • Einweckgläser

**Und so geht's:**

Kürbis in Stücke schneiden. In einen Topf mit ein wenig Wasser geben, etwa 10 Minuten weich kochen. Apfel- und Zitronensaft zum Kürbis geben und pürieren. Die geraspelten Äpfel unter die Kürbismasse heben. Den Zucker hinzufügen und alles gut verrühren. Die Zimtstange noch beigeben und erhitzen. Unter Rühren zu einer cremigen Masse einkochen. Zum Schluss die Zimtstange entfernen, Einweckgläser mit heißem Wasser ausspülen, die Apfel-Kürbis-Marmelade einfüllen und die Gläser sofort verschließen.
Ein paar Minuten auf dem Deckel stehen lassen und dann umdrehen.

**Ein Schattentheater aufführen.**

**Dafür brauchen wir:**

unsere Hände oder gruselige Figuren, die wir zum Beispiel aus Tonpapier oder Pappe basteln können • eine starke Lichtquelle (z. B. Tischlampe oder große Taschenlampe) • ein Bettlaken als Leinwand; eine Wäscheleine und Wäscheklammern zum Aufhängen • einen Tisch • eine Geschichte, die wir erzählen wollen • einen abgedunkelten Raum

**Und so geht's:**

Wir hängen ein Bettlaken als Leinwand an einer Wäscheleine auf, die wir von Wand zu Wand spannen. Darunter stellen wir einen Tisch, den wir zur Seite kippen, sodass wir uns dahinter verstecken können, während wir spielen. Wir strahlen die Leinwand von hinten mit Licht an, dunkeln den Raum ab, halten unsere Schattenfiguren bereit und knipsen unsere Lichtquelle an. Jetzt werden die Schatten unserer Hände oder Figuren für das Publikum vorn sichtbar.
Hier ein paar Ideen für lustige Figuren (sie können gern als Vorlage genutzt, kopiert oder abgepaust werden):

**Halloweenkostüme kreativ zusammenstellen.** Wer sieht am gruseligsten, am lustigsten oder einfach zauberhaft aus? Wen hättet ihr so nicht erkannt? Schaut, was ihr zu Hause in Kleiderschrank, Keller oder Speicher so alles finden könnt – Bettlaken, Besen, Tücher, Schminke, Hüte, Mützen, alte Kleidung, Sonnenbrillen, Strümpfe, Socken, Wolle, Textilfarbe, etc.
Alte Strumpfhosen lassen sich zum Beispiel prima ausstopfen und als falsche Arme oder Beine anbringen. Hautfarbene Nylonstrümpfe lassen sich mit Textilfarbe „gruselig" bemalen und dann über Arme oder Beine ziehen.
Aus Wolle könnt ihr euch lustige „Frisuren" in allen möglichen Farben machen oder Spinnennetze knüpfen, mit Verbandsmaterial oder Toilettenpapier lassen sich kleine und große „Mumien" wickeln …

- **Ein Fotoshooting machen oder euch gegenseitig zeichnen.**
- **Einen Spielenachmittag mit Familie und Freunden organisieren.**
- **Nach Herzenslust in der Bücherei stöbern.**
- **Karaoke singen.**

**Waffeln backen.**

**Für etwa 10 Waffeln brauchen wir:**

125 g Butter (zimmerwarm) • 100 g Zucker • 1 Pck. Vanillezucker • 3 Eier
250 g Mehl • 1 Prise Salz • 1 TL Backpulver • 200 ml Milch • 1 Waffeleisen

**Und so geht's:**

Butter, Zucker und Vanillezucker verrühren. Die Eier nach und nach hinzugeben und unterrühren. Mehl, Backpulver und Salz hinzufügen, die Milch langsam unterrühren. Das Waffeleisen vorheizen und etwa zwei bis drei Esslöffel Teig auf das Waffeleisen geben; für 1–2 Minuten goldbraun backen. Schmeckt pur, mit Puderzucker, mit frischem Obst oder mit Sahne.

**Indoor-Verstecken spielen.** Prima, wenn nicht so viel Platz vorhanden ist: einen Gegenstand zeigen und ihn irgendwo in der Wohnung verstecken. Den Suchenden Hinweise mit „warm" oder „kalt" geben. Wer denkt sich ein besonders schwieriges Versteck aus?

**Einen Heimkino-Nachmittag oder -Abend veranstalten.** Wir können zusammen Popcorn machen und in Papiertüten füllen, die Eintrittskarten selbst gestalten, den Raum abdunkeln und die Plätze im Licht der Taschenlampe anweisen. Mit Kissen und Decken wird's besonders gemütlich.

# Das sind unsere

# SCHÖNSTEN HERBSTIMPRESSIONEN:

20... :

20... :

20... :

20... :

20... :

20... :

20... :

Winter

DIE KÄLTE DER WELT
VERMAG NICHTS GEGEN
DIE WÄRME DES HERZENS
AUSZURICHTEN.

UNBEKANNT

# Entspannt durch den Winter mit Kindern

Wenn draußen die Kälte klirrt und es früher dunkel wird, machen wir es uns zu Hause warm und behaglich. Der Winter ist eine besondere Zeit. Die ganze Welt scheint zur Ruhe zu kommen. Aber der Winter ist nicht nur Kuschelzeit – warm eingepackt erleben wir draußen die tollsten Abenteuer: von Iglubauen bis Schlittschuhlaufen und vieles mehr.

## ALLERLEI IDEEN FÜR HERRLICHEN WINTERSPASS

### WIR KÖNNEN:

**Luxusschokolade machen.**

**Dazu brauchen wir:**

1 l Milch • 250 ml Sahne • 350 g Schokoraspel • Mark einer Vanilleschote

**Und so geht's:**

Milch mit dem ausgekratzten Mark einer Vanilleschote zum Köcheln bringen, Schokoraspel und Sahne hinzufügen und nochmals kurz aufkochen. Etwas abkühlen lassen, in Tassen füllen und genießen.

**Auf Spurensuche gehen.**

**Ein Vogelhäuschen selbst basteln** – zum Beispiel ein Upcycling-Vogelhäuschen aus einem alten Milch- oder Saftkarton.

**Zum Baden gehen.**
Ab ins Schwimm- und Spaßbad!

**Hitzefrei machen** – in der Sauna. Viele Einrichtungen bieten mittlerweile Saunabesuche für Familien an.

**Ein Iglu bauen.**

**Ein Winterpicknick oder Wintergrillen veranstalten.**

**Schneeball-Boule spielen.**

**Dazu brauchen wir:**
Schnee (am besten Pappschnee) • mindestens 2 Spieler •
etwas Platz für unser Spielfeld, zum Beispiel im Hof, Garten oder Park

**Und so geht's:**
Jeder Spieler hat drei Schneebälle. Alle Spieler stellen sich auf etwa gleicher Höhe auf (wir können einen Strich in den Schnee zeichnen, eine Linie mit Kieseln legen oder mit Ästen abstecken). Der erste Spieler wirft einen seiner Schneebälle auf das Spielfeld. Alle Spieler versuchen nun der Reihe nach, die eigenen Schneebälle so zu werfen, dass sie so nah wie möglich an diesen herankommen oder ihn sogar treffen. Wer am nächsten ist oder den Ball trifft, gewinnt die Runde und bekommt einen Punkt. Ihr könnt so viele Runden spielen, wie ihr wollt, wenigstens aber so lange, bis jeder einmal beim „Einwurf" an der Reihe war.

**Einen schwimmenden Adventskalender basteln.**

**Dafür brauchen wir:**

24 Walnusshälften • Teelichter (bunt/weiß) oder Wachsreste und Docht • einen alten Emailletopf • eine große Schale (mit Wasser gefüllt)

**Und so geht's:**

Walnüsse vorsichtig öffnen, sodass zwei ganze Hälften bestehen bleiben. Nuss herauslösen – nur die Schalen werden benötigt, es darf also genascht werden. Dochte mitsamt der Halterungsplättchen von unten aus den Teelichtern herausziehen und diese mittig in die Nussschalenhälften setzen.
Das Wachs der Teelichter oder gesammelte Wachsreste in einen alten Emailletopf geben und das Wachs darin langsam erhitzen, bis es flüssig wird.
Das geschmolzene Wachs in die mit den Dochten versehenen Nussschalen füllen und vollständig erkalten lassen. Eine große dekorative Schale, zum Beispiel eine Glasschale, mit Wasser füllen und die Nussschalenkerzen darin schwimmen lassen. (Bitte niemals unbeaufsichtigt brennen lassen.)

**Eine Winterrallye machen** – auf dem Heimweg von Kindergarten und Schule, auf dem Weihnachtsmarkt, quer durch die Stadt: Eine bestimmte Strecke muss zurückgelegt werden. Dabei sind bis zum Ziel verschiedene Aufgaben zu bewältigen, rückwärtsgehen zum Beispiel, auf einem Bein hüpfen, nur auf Schnee treten.

**Ein Windlicht für draußen basteln.**

**Dafür brauchen wir:**

ein altes Schraubglas • etwas Sand • Kerze • Paketschnur zum Befestigen und Aufhängen

**Und so geht's:**

Deckel abschrauben, Glas spülen und trocknen. Genügend Sand in das Glas füllen, sodass eure Kerze gut und sicher steht. Die Schnur rund um den Glashals legen, und bevor ihr diese fest verknotet, ein weiteres Stückchen Schnur an zwei gegenüberliegenden Seiten durchfädeln. Die durchgefädelte Schnur doppelt nehmen und über dem Glas verknoten. Achtung: Die Schnur muss jeweils so fest sitzen, dass das Glas nicht herausrutschen kann. (Ggf. könnt ihr auf die Schnur rund um den Glashals zusätzlich etwas Bastelkleber geben und diesen trocknen lassen.) Daran könnt ihr nun eine weitere Schnur befestigen und diese zum Beispiel draußen an einem Ast befestigen. (Achtet darauf, dass direkt über der Kerze nichts Brennbares ist.)

### Pfefferkuchen backen und verzieren.

**Dafür brauchen wir:**

50 ml Zuckerrübensirup • 75 ml Wasser • 175 g Zucker • ½ TL gem. Zimt • ½ TL gem. Ingwer • ½ TL gem. Nelken • 175 g Butter oder Margarine • ½ EL Backpulver • 400 g Weizenmehl

**Und so geht's:**

Zuckerrübensirup, Wasser und Zucker in einem Topf kurz aufkochen. Dann Zimt, Ingwer und Nelken einrühren und von der Herdplatte nehmen. Die Butter hinzufügen und unter Rühren zergehen lassen.
Nun die Mischung abkühlen lassen und anschließend in einer Rührschüssel mit Mehl und Backpulver zu einem glatten Teig verkneten. Über Nacht kalt stellen.
Den Teig dünn ausrollen, kleine und große Pfefferkuchenformen nach Lust und Laune ausstechen und auf ein Backblech legen.
Im vorgeheizten Ofen bei 200 °C (Ober-/Unterhitze) etwa 4 Minuten backen. Vorsichtig vom Blech nehmen und abkühlen lassen.
Die Pfefferkuchen ganz nach Belieben mit Zuckerguss oder feiner Schokoglasur verzieren.

**Einfach Zeit miteinander verbringen – ohne etwas Besonderes zu planen.**

**Es schneien lassen** – Schneeflocken falten und ausschneiden.

**Dafür brauchen wir:**

Schere • weißes Papier

**Und so geht's:**

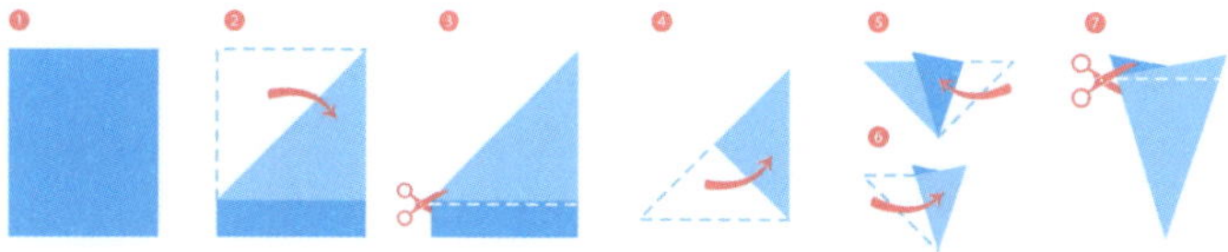

**Einen Winterspaziergang mit der Familie machen** – wer entdeckt zuerst alle der folgenden Dinge?

**Eine „Alle-Jahre-wieder"-Weihnachtssocke stricken und alle machen mit.** Jeder darf nach Lust und Fertigkeit ein paar Maschen oder Reihen beitragen, während ein anderes Familienmitglied eine Geschichte vorliest oder erzählt. Wie lang wird eure Socke über die Jahre?

# Das sind unsere

# SCHÖNSTEN WINTERERLEBNISSE:

20... :

20... :

20... :

20... :

20... :

20... :

20... :

# Entspannt Weihnachten feiern

- **Ansprüche herunterfahren.** Denn das perfekte Weihnachtsfest gibt es nicht (außer vielleicht in Bullerbü); es ist nicht wichtig, wie festlich oder aufgeräumt es bei uns aussieht, sondern wie entspannt wir sind.

- **Gelassen bleiben.** Es wird nicht alles so laufen, wie wir uns das vorstellen. Wenn wir uns das vorher bewusst machen, dann können wir vermutlich über vieles hinwegsehen und lächeln.

- **Erwartungen abklären.** Wir alle haben unterschiedliche Vorstellungen von Weihnachten, die einen mögen es ruhig und besinnlich, die anderen unterhaltsam; während manche auf eine Gans zum Festschmaus hoffen, träumen die anderen von einer Gemüselasagne. Warum nicht mal etwas anderes zulassen und Neues ausprobieren? Es wird uns nur bereichern.

- **Auf die Bedürfnisse der Kinder eingehen.** Statt eines langen Gottesdienstes einen für Kinder besuchen; nicht zu spät essen; keine Überforderung an Programm und Geschenken …

- **Aufgaben (im Vorfeld) verteilen.** Wer kauft ein? Wer kümmert sich um die Getränke? Wer kann vielleicht etwas mitbringen? Kuchen, Salate und Aufläufe eignen sich hierfür prima. Auch Kinder helfen gern mit. Wir können mit ihnen Kekse backen, basteln und dekorieren.

**Warum kompliziert, wenn's auch einfach lecker geht?** Statt eines 5-Gänge-Menüs einfache Rezepte wählen. Die schmecken mindestens genauso lecker.

**Gemeinsam kochen!** So verbringt man mehr Zeit mit seinen Lieben, und darum geht es doch in erster Linie an Weihnachten.

**Wünsch dir was ...** Um sich und anderen den „Geschenkestress" möglichst zu ersparen, sich entweder etwas wünschen oder vereinbaren, sich nichts oder nur eine Kleinigkeit zu schenken. Geschenke anderer für unsere Kinder können wir auch selbst besorgen (dann gibt es auch keine „bösen" Überraschungen für die Eltern).

**Kein Verpackungsstress.** Vermeiden wir, wo es geht, unnötigen Müll. Geschenke lassen sich prima in Stoffreste wickeln, in Stofftaschen stecken, in alte Zeitungen und Packpapier einschlagen oder was wir sonst noch zu Hause haben ... Wir sparen dabei Nerven, Zeit und Geld.

**Weniger ist mehr.** Nur keinen Freizeitstress aufkommen lassen und zu viel Besuche planen – schließlich ist Weihnachten nur an einem Tag. Sicher freuen sich Familie, Freunde und Verwandte auch über einen Besuch vor oder nach Weihnachten. Die Hauptsache ist, wir kommen zusammen und freuen uns aneinander!

**Freiräume schaffen.** Es ist schön, wenn an Weihnachten alle zusammenkommen; damit daraus kein Zuviel wird, tut es gut, sich Zeit für sich selbst zu nehmen und diese kleinen Auszeiten auch anderen zu lassen.

## ALTERNATIVE GESCHENKIDEEN:

- **Selbstgemachtes verschenken** – z. B. deine spezielle Duft-, Gewürz-, Knabber-, Kuchen-, Kaffee-, Müsli-, Tee- oder Trinkschokoladenmischung in einem schönen (Alt) Glas oder einer wiederverwendbaren Dose oder Becher verschenken (Rezepte gibt es auch online).

- **Zeit schenken** – etwas gemeinsam unternehmen, statt etwas füreinander zu kaufen.

- **Worte schenken** – einen Brief erhält man heutzutage nur noch selten, aber eigentlich freut sich jeder darüber ...

- **Altes findet neue Liebhaber** – es muss nicht immer neu sein; vielleicht trennst du dich von einem Teil oder Gadget, das jemand anderes schon lange toll findet?

- **Schenken, was wirklich gebraucht wird** – Verbrauchsgegenstände sind eine feine Alternative und garantiert keine Staubfänger.

- **Sinnvolle Sach- und Geldspenden** im Namen des Beschenkten machen, z. B. ein Bäumchen pflanzen oder eine Patenschaft übernehmen.

- **Genuss schenken und dabei Gutes tun** – z. B. mit feinster Schokolade, deren Erlös zu Teilen an gute Zwecke geht.

# HIER EIN PRAKTISCHER „MERRY-CHRISTMAS!“-PLANER

**Name/Gast**

- ○
- ○
- ○
- ○
- ○
- ○
- ○

**Bringt mit/besorgt/erledigt**

- ○
- ○
- ○
- ○
- ○
- ○
- ○

**Speisen & Getränke**

- ○
- ○
- ○
- ○
- ○
- ○
- ○

**Einkaufsliste**

- ○
- ○
- ○
- ○
- ○
- ○
- ○

**Aktivitäten, Spiel & Spaß**

- ○
- ○
- ○
- ○

**Geschenkideen/Wünsche**

- ○
- ○
- ○
- ○

# Unser Familien(tannen)baum

**Schmückt gemeinsam den Weihnachtsbaum** – mit euren bunten Fingerabdrücken! Wenn ihr wollt, schreibt Namen und Jahreszahl dahinter und verewigt euch alle Jahre wieder.

# DAS WAR AN WEIHNACHTEN SO BESONDERS:

20... :

20... :

20... :

20... :

20... :

# Entspannt ins neue Jahr

Der Jahreswechsel muss nicht immer mit einem großen Knaller aufwarten. Ein gemütlicher Abend zu Hause mit der ganzen Familie ist mindestens genauso schön. Wir können das Essen gemeinsam zubereiten und den Abend mit Spielen und Spaß füllen. Freunde sind herzlich willkommen.

## FAMILIEN-TWITTER

**Hier können wir unsere schönsten Jahresmottos und -wünsche „twittern“:**

# JAHRESRÜCKBLICK

## WELCHE SCHULNOTE GEBEN WIR DEM JAHR INSGESAMT UND WARUM?

## WAS HABEN WIR IN DIESEM JAHR ERLEBT UND GELERNT, WORÜBER GEZITTERT UND GEJUBELT?

## WOFÜR GIBT ES IN DIESEM JAHR DIE AUSZEICHNUNG „MIT STERNCHEN“?

## WORAUF SIND WIR BESONDERS STOLZ?

## WAS SOLL MIT INS NÄCHSTE JAHR, WAS KANN BESSER WEG?

Bildnachweis: Alle Abbildungen Shutterstock.com

Layout und Satz: Petra Schmidt Grafik Design

Gesamtherstellung: Printfactory, Istanbul

Aus Verantwortung für die Umwelt hat sich die Verlagsgruppe Droemer Knaur zu einer nachhaltigen Buchproduktion verpflichtet. Der bewusste Umgang mit unseren Ressourcen, der Schutz unseres Klimas und der Natur gehören zu unseren obersten Unternehmenszielen.

Gemeinsam mit unseren Partnern und Lieferanten setzen wir uns für eine klimaneutrale Buchproduktion ein, die den Erwerb von Klimazertifikaten zur Kompensation des $CO_2$-Ausstoßes einschließt.

Weitere Informationen finden Sie unter:
**www.klimaneutralerverlag.de**

Familienzeit – Gemeinsam entspannt und glücklich durchs Jahr
ISBN 978-3-8485-0081-9

www.groh.de

FSC www.fsc.org MIX Papier aus verantwortungsvollen Quellen FSC® C130076

1 2 3 4 5